Liebe Kinder,

im Frühling erwacht die Natur, die Tage werden länger, und wenn die ersten Knospen sprießen, ist auch Ostern nicht mehr weit. Endlich könnt Ihr wieder draußen spielen. Bis es soweit ist, zeigt Euch dieses Buch einige lustige Ideen, wie man Frühlings- und Osterspiele selbst bastelt. Tolle Experimente könnt Ihr mit den Korkschwimmern machen, und die Osterrallye sorgt für Spannung.

In diesem Buch erfahrt Ihr nicht nur eine ganze Menge über Spiele: In einem großen Kapitel seht Ihr, wie man die schönsten Ostereier selbst herstellt. Ob gefärbt, mit Spitzen verziert, modern mit Schnipseln beklebt oder als Ballon – hier entdeckt jeder eine interessante Technik. Aber mit dem Osterei allein ist es nicht getan. Wir brauchen Nester zum Verstecken, Rucksackhasen, die Eier bringen, Flechtkörbchen zum Verschenken und vor allem Riesen-Eier, in die ganz viele Geschenke hineinpassen.

Das Schönste an Ostern – gleich nach dem Ostereiersuchen – ist der Ostertisch. Nach alter Tradition wird der Tisch besonders liebevoll gedeckt. Hierzu findet Ihr im letzten Kapitel interessante Möglichkeiten, wie man sich Girlanden, tanzende Hasen, Serviettenringe, Tischsets und vieles mehr zur Verzierung selbst bastelt. Das sieht hübsch aus, kostet wenig, und die ganze Familie freut sich darüber.

Viel Bastelspaß und ein frohes Osterfest wünscht Euch

Christina Pfeiffer

Hinweis für Eltern und Erzieher:
Die Bastelvorschläge in diesem Buch eignen sich für Kindergarten, Schule und Familienkreis.
Anschauliche Illustrationen und Vorlagen in Originalgröße, direkt zum Abnehmen, motivieren die Kinder, selbst aktiv zu werden. Denn Selbstgebasteltes hat für Kinder einen ganz anderen Wert als Gekauftes.
Viele Vorlagen sind variabel verwendbar. Die Themen gestatten genügend Abwechslungsmöglichkeiten für die verschiedenen Altersgruppen. Immer wieder wird besonders die eigene Kreativität durch weiterführende Ideen zur Gestaltung und zum Verzieren angeregt. Bei jedem Thema gibt es pädagogische Hinweise. Sie beschreiben kurz, welche Fähigkeiten beim Kind gefördert werden und welche Altersgruppe angesprochen ist.

- 🥚 für Kindergartenkinder geeignet
- 🥚🥚 für Bastelfans, die schon zur Schule gehen
- 🥚🥚🥚 bestens geeignet, wenn groß und klein zusammen basteln

Inhalt

Lustige Frühlingsspiele	6
Schönes für die Frühlings- und Osterzeit	36
Kunterbunte Ostereier	88
Osternester	114
Das wird ein Osterfest!	136
Gewußt wie?	156

LUSTIGE FRÜHLINGSSPIELE

Nach dem Ostereiersuchen kann das Kullerspiel beginnen. Statt der gekochten Eier können auch Tischtennisbälle verwendet werden. Die Löcher kannst du unterschiedlich groß schneiden. Je nach Schwierigkeitsgrad gibt es dann einen, zwei oder drei Punkte.

LUSTIGE FRÜHLINGSSPIELE

Kullerspiel

Wer kullert die meisten Eier in das große Huhn?

Die Kinder lernen, aus Verpackungsmaterial Spiele herzustellen.

So wird's gemacht:

1. Die Vorlagen für die Henne von den Seiten 10 und 11 auf Pergament- oder Schneiderkopierpapier übertragen.
2. Die Schablonen von Kopf, Schwanz und Körper auf Karton oder Pappe durchdrücken und zweimal ausschneiden. Der Körper könnte für die Rückseite entfallen oder ohne Bögen zugeschnitten werden.
3. Das Körperteil mit den Bögen auf eine Längsseite des Schuhkartons halten und die Bögen auf den Schuhkarton zeichnen. Die markierten Öffnungen etwas größer ausschneiden.
4. Den Kopf und den Schwanz der Henne zunächst an beide Körperteile kleben. Kurze Zeit mit Wäscheklammern zusammendrücken. Die Klebemarkierung beachten. Die gestrichelte Markierung auf Kopf- und Schwanzteil paßt dann genau auf die Rundung am Körper.
5. Die beiden Huhnteile vorn und hinten an den Karton kleben.
6. Jetzt noch dem ganzen Huhn bunte Federn aufmalen. Die Zahlen auf Papierkreise schreiben und über die Bögen kleben.

Ideen fürs Gestalten:

Natürlich muß die Henne nicht nach der Buchvorlage entstehen. Eigenen Hühnerformen steht nichts im Wege. Auf die gleiche Art können Eier in den Bauch eines Hasen gekullert werden. Auch bunt bemalte Schachtelhäuser mit Türöffnungen eignen sich gut für dieses Kullerspiel. Die Öffnungen können unterschiedlich groß sein. Nur sollte man vorher immer prüfen, ob der Ball oder das hartgekochte Ei auch durchrollen kann.
Dieses Spiel hat viele Vorzüge: Es kostet fast nichts, kann immer wieder aufgestellt und gespielt werden und macht dabei auch noch eine Menge Spaß!

Du brauchst:
Schuhkarton
große Kartonteile (z.B. vom Zeichenblock) oder dünne Pappe
Malkasten oder Plakafarben
Pinsel
Klebstoff
Schere
Bleistift
schwarzen Filz- oder Buntstift
Wäscheklammern
Butterbrotpapier oder Pergamentpapier DIN A3

Das Kullerhuhn wird aus einem Schuhkarton gebastelt. An den Längsseiten die Huhnform aus Karton ankleben und bemalen. Die Vorlagen findest du auf den Seiten 10 und 11.

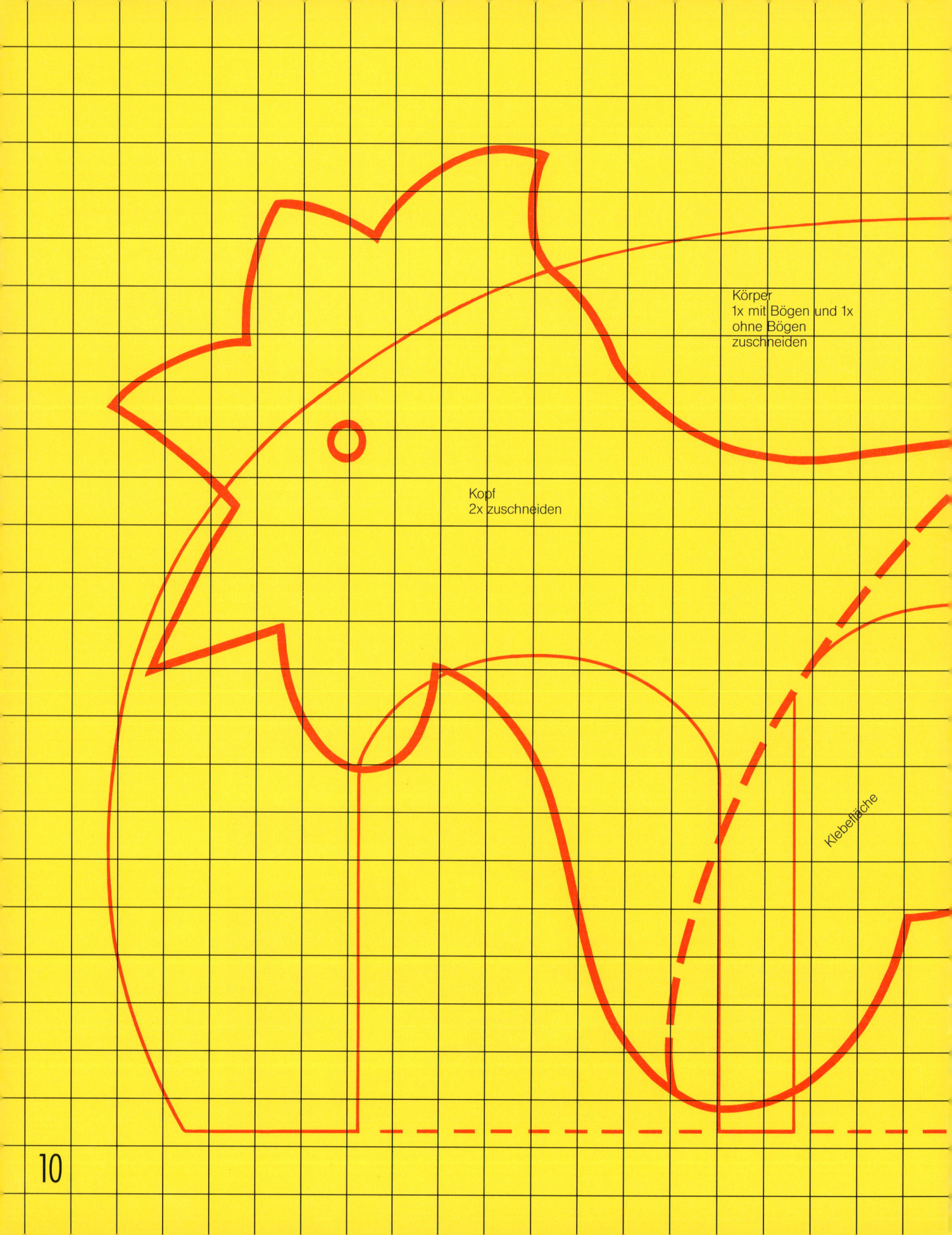

LUSTIGE FRÜHLINGSSPIELE

LUSTIGE FRÜHLINGSSPIELE

Osterrallye, Ostersprint

Zwei Würfelspiele, die auf Stoff gedruckt werden. Das Spielfeld ausrollen, auf die Plätze, und schon kann's losgehen.

Die Kinder haben Spaß am Herstellen eigener Spiele. Sie erfinden Spielregeln und üben soziales Verhalten.

Du brauchst:
für die Spielfelder:
einfarbiges Geschirrtuch, großes Taschentuch oder helles Stück Stoff 50 x 60 cm
Stoffmalfarben
Stoffmalstift
kleine Kartoffeln
Küchenmesser
Korken
Pinsel
Küchentuch
Bleistift oder Phantomstift zum Vorzeichnen
Schnur

für die Spielfiguren:
200 g lufttrocknende Modelliermasse
Plakafarbe
Pinsel
schwarzen Filz- oder Buntstift
Holzstäbchen
Küchenmesser

Beide Spielfelder werden auf die gleiche Weise bedruckt.

So wird's gemacht:

1. Zeichne mit einem Bleistift den Verlauf der Spielstrecke vor. Besser geht es mit einem Phantomstift: Bei diesem verschwinden die Linien nach einigen Stunden wieder. Der Verlauf der Strecke hängt von der Größe deines Stoffes ab. Bei der Rallye sollten möglichst drei Links- und drei Rechtskurven auf den Stoff gezeichnet werden.
Für den Ostersprint zuerst mit einer großen und einer kleinen Schüssel zwei Kreise auf den Stoff zeichnen. Diese Kreise zu einer Eiform verbinden.

2. Für den Druck braucht man drei Kartoffelstempel. Schneide vorsichtig aus einer Kartoffel eine Eiform. Achte auf eine glatte Schnittfläche. Den Stempel nicht zu klein schneiden. Man muß ihn zum Drucken noch gut halten können. Sehr kleine Kartoffeln halbierst du und rundest den Rand etwas ab. Tupfe die Schnittstellen mit einem Küchentuch trocken.
Für das Rallyespiel schneidest du noch einen dreieckigen Stempel in der gleichen Größe wie die Eierstempel. Gib acht, daß die Ecken nicht zu spitz werden. Sie knicken sonst beim Drucken leicht um.

3. Stemple zuerst einige Probedrucke auf einen Stoffrest.

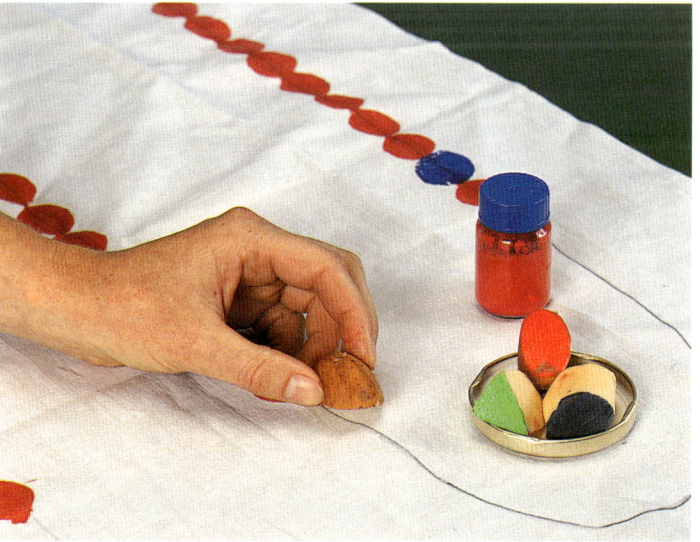

Beide Spielfelder werden mit Kartoffeln oder Korken bedruckt. Die Bahnen und die Anzahl der Felder kannst du selbst bestimmen. Ansonsten orientierst du dich an den Fotos. Zum Beschriften einen Stoffmalstift verwenden.

LUSTIGE FRÜHLINGSSPIELE

Auf dieser Seite findest du einige lustige Spielfiguren. Nach dem Spiel verschnürst du deine Figuren im Spielfeld. So kann man das Spiel überallhin mitnehmen.

Bestreiche die Stempel mit etwas dickflüssiger Stoffmalfarbe und drucke sie gleichmäßig ab. Überschüssige Farbe am Rand mit einem Küchentuch abwischen. Jetzt auf oder neben der angezeichneten Spielstrecke die Felder aufdrucken. Start und Ziel nicht vergessen. Die Beschriftung machst du mit einem Stoffmalstift.
Bei der Osterrallye verschiedene Hindernisse und Abkürzungen wie auf dem Foto aufdrucken. Für das Spiegelei wird weiße Farbe mit dem Pinsel aufgemalt. Den gelben Eidotter stempelt man mit einem Korken auf. Die Bedeutung dieser Felder findest du bei den Spielregeln.
4. Nach dem Trocknen die Stoffrückseite mit der Einstellung Baumwolle zwei Minuten lang bügeln. Dadurch wird die Druckfarbe waschbar.

SPIELFIGUREN

Hockelhase:

1. Die Kugel wie auf dem Foto unten zu einer Wulst mit einem spitzen Ende rollen.
2. Mit dem Zeigefinger eine Rille für den Kopf in den Wulst rollen.
3. Den Kopf mit der Spitze nach oben biegen.
4. Die Spitze mit der Schere einschneiden. Das ergibt die beiden Hasenohren.
5. Mit einem Holzstäbchen Augen und Pfoten eindrücken. Die Schnauze mit den Fingerspitzen etwas herausdrücken.

Nach dem Trocknen malst du jedem Hasen ein andersfarbiges Halsband auf. Augen und Pfoten mit dünnem Filzstift ausmalen.

Henne:

1. Aus der Kugel eine kurze Rolle formen.
2. Wie auf der Abbildung unten mit dem Zeigefinger eine Rille für den Kopf eindrücken.
3. Das Kopfteil der Henne nach oben biegen. Mit den Fingerspitzen Kamm, Schnabel und Schwanz herausdrücken.
4. Mit dem Holzstäbchen Augen eindrücken, Flügel und Federn einritzen.
5. Den Kamm rot anmalen. Flügel und Federn bei jeder Spielfigur andersfarbig bemalen.

Stehendes Häschen:

1. Eine kleinere und größere Kugel drehen (Foto links).
2. Die kleine Kugel zu einer Spitze rollen.
3. Mit der Schere die Spitze teilen. Auf diese Weise erhältst du zwei Hasenohren.
4. Die größere Kugel aufstellen und oben ein kleines Stück Zahnstocher einstecken.
5. Den Kopf befeuchten und auf den Zahnstocher stecken. Mit leichter Drehbewegung festdrücken. Augen und Pfoten mit einem Zahnstocher eindrücken.

Ideen fürs Spiel:

Am meisten Spaß macht es, wenn jeder seine eigene Spielfigur formt und mit seiner Lieblingsfarbe bemalt. Auch Spielfiguren aus bemalten Steinen oder Knetmasse wirken ganz lustig. Bemale beispielsweise kleine Kieselsteine als Marien- und Kartoffelkäfer oder forme aus Knetmasse farbige Ostereier. Genausogut eignen sich Muscheln, Schoko-Eier oder Knöpfe als Spielfiguren.

Alle Figuren werden aus einer Kugel geformt, die etwa so groß wie ein Fünfmarkstück sein sollte. Nach dem Formen müssen die Figuren drei Tage trocknen. Anschließend jede Figur in einer anderen Farbe bemalen.

LUSTIGE FRÜHLINGSSPIELE

Beim Ostersprint müssen zwei Ostereier nebeneinander, entlang der vorgezeichneten Eiform, aufgedruckt werden. Wenn der Druck noch schneller gehen soll, reichen Korken als Druckstempel. Als einfacher Kreis gestempelt, läßt sich der Sprint genauso spielen. Nur sollten nicht zu wenige Felder aufgedruckt werden. Etwa 60 bis 80 Kreise oder Eiformen versprechen einen spannenden Spielverlauf. Auf diese Weise können Spiele mit eigenen Spielregeln leicht selbst erfunden werden.

Spielregeln für den Ostersprint

- Der Ostersprint ist ein Würfelspiel. Die Anzahl der Teilnehmer ist praktisch unbegrenzt. Ein Ostersprint-Teilnehmer kann auch mit mehreren Figuren spielen.
- Das Spiel selbst besteht aus einer Sprintbahn mit zwei Spuren, die beliebig oft gewechselt werden können.
- Entsprechend der gewürfelten Zahl bewegen die einzelnen Mitspieler ihre Figuren über die Felder. Überholen ist erlaubt.
- Aber halt! Stehen zwei Figuren nebeneinander vor deiner Spielfigur, gibt es einen Stau. In diesem Fall darf nicht überholt werden. Die gewürfelten Augen verfallen.
- Jedoch: Stehen zwei Figuren versetzt vor deiner Spielfigur, und du würfelst eine höhere Zahl, kannst du diese beiden Figuren ganz bequem durch einen Spurwechsel überholen.
- Nacheinander würfeln.
- Wer vor dem Spiel die höchste Zahl würfelt, beginnt.
- Wer zuerst ins Ziel kommt, hat gewonnen.
- Man kann auch einen Mannschaftssprint machen. Die Teilnehmer spielen dann mit zwei oder drei Figuren.

Spielregeln für die Osterrallye

- Jeder Rallyeteilnehmer spielt mit einer Figur.
- Gewürfelt wird nacheinander.
- Die Figuren werden entsprechend den gewürfelten Zahlen gezogen.
- Mehrere Figuren auf einem Feld sind erlaubt.
- Zu Beginn des Spiels bekommt jeder Teilnehmer drei Ostereier. Im Körbchen beim Ziel liegen ebenfalls drei Eier.
- Kommt ein Spieler mit seiner Figur auf einem Spiegelei zum Stehen, muß er ein Ei ins Nest abgeben. Steht die Figur jedoch auf dem Doppelei, darf sich der Spieler aus dem Körbchen ein Ei herausnehmen. Ist das Körbchen schon leer, hat er Pech gehabt: Er bekommt kein Ei.
- Wer mit seiner Figur auf einem blauen Ei zum Stehen kommt, muß den grünen Pfeilen folgen. Das kann eine Abkürzung sein, oder man muß eine Kurve nochmals gehen.
- Wer zum Schluß als erster direkt auf das Osternest gelangt, erhält drei Eier aus dem Nest.
- Steht ein Spieler zwei Felder vor dem Nest und würfelt eine Fünf, kann er noch nicht ins Nest.
- Würfelt er eine Eins, kann er um ein Feld näher ans Ziel heran.
- Würfelt er eine Zwei, bekommt er die Eier.

LUSTIGE FRÜHLINGSSPIELE

Purzel

Hase, Käfer und Raupe purzeln munter um die Wette.

Die Purzel als selbstgebautes Spielzeug faszinieren Kinder mit ihrer Rollfunktion. Die Entdeckerfreude ist groß, wenn sie die Schwerpunktverlagerung durch die Kugel herausfinden.

So wird's gemacht:

1. Die Vorlage von Seite 18 auf ein Butterbrotpapier übertragen. Klebe dieses Butterbrotpapier auf einen Karton und schneide die Schablone für die Purzel aus. Jetzt kannst du viele Purzel herstellen. Du mußt dazu nur die Kartonschablone mit einem Bleistift umranden.

2. Lege die Kartonschablone für die Purzels auf helles Tonpapier. Am besten eignet sich hier ein etwas stärkeres Tonpapier. Zeichne die Umrisse nach und schneide die Form aus.

3. Jetzt kommt die Bemalung: Die Hasenvorlage auf Butterbrotpapier übertragen. Diese Zeichnung mit der Rückseite nach oben in die Mitte des Tonpapierstreifens legen. Zeichne die Hasenfigur nach. Dadurch werden die Bleistiftlinien auf das Tonpapier gedrückt. Für den Käfer wurde einfach eine Eivorlage aufgelegt und nachgezeichnet. An beiden Enden der Rückseite jeweils ein halbes Ei zeichnen. Für den Hasen auf die Rückseite ebenfalls zwei Hälften aufzeichnen. Die Raupe malst du ganz nach deinen Vorstellungen. Sie streckt sich über das ganze Tonpapier.

4. Die aufgezeichneten Tiere mit Malkasten- oder Plakafarben ausmalen. Genausogut kannst

LUSTIGE FRÜHLINGSSPIELE

du auch Buntstifte nehmen. Beim Käfer zuerst die Eiform rot bemalen und trocknen lassen. Jetzt den schwarzen Kopf, die Beine und die Punkte aufmalen oder mit Filz- oder Buntstift einzeichnen. Den Hasen in einer Farbe ausmalen. Anschließend Fellhaare, Bart und Schürze auftragen. Bei allen drei Tieren für die Augen zuerst zwei weiße Punkte aufmalen. Nach dem Trocknen mit schwarzem Filz- oder Buntstift umranden und ausfüllen.

5. Klappe die ovalen Seitenteile mit den Klebezugaben nach innen. Bestreiche die untere und mittlere Zugabe mit Klebstoff und lege den unteren Tonpapierstreifen darüber. Mit Wäsche- oder Büroklammern seitlich die Klebezugaben zusammendrücken. Alles gut trocknen lassen.

6. Jetzt den oberen Streifen nach unten biegen und eine Murmel hineinlegen. Die Murmel darf nicht zu klein sein, sonst dreht sich der Purzel nicht. Wenn du keine große Murmel hast, verwende zwei kleine Kugeln. Anschließend den oberen Tonpapierstreifen umbiegen und an den Klebezugaben festkleben. Am leichtesten geht das, wenn ihr zu zweit haltet und klebt. Sobald der Klebstoff fest ist, können die ersten Purzelversuche unternommen werden.

Ideen fürs Spiel:

Auf eine große Pappe oder ein Stück Tapete Bahnen malen. Die Bahnen können auch mit farbigem Klebeband abgegrenzt werden. Die Startlinie nicht vergessen. Die Pappe oder Tapete leicht schräg stellen. Lege dazu einen Schuhkarton oder ähnliches bei der Startlinie unter. Jeder läßt nun seine Purzelfigur von der Startlinie aus nach unten kullern. Wer mit seinem Purzel am weitesten kommt, hat gewonnen.
Die Purzel bewältigen auch Hindernisse. Baue bei einer Bahn aus Papier noch einige Bodenwellen ein. Auch Papprollen, Besenstiele und ähnliches eignen sich dafür.

Beim Purzelspiel kannst du mit deinen Freunden mehrere Runden spielen. Abwechselnd notiert einer der Spieler, wie oft Hase, Käfer oder Raupe gewonnen haben. Wer bei einer Runde mit seinem Purzel als Sieger hervorgeht, erhält zur Belohnung ein Osterei oder vielleicht auch eine Murmel.

Du brauchst:
dünnen Karton
Butterbrotpapier
helles Tonpapier
Farben oder Stifte
Klebstoff
4 Wäscheklammern
Bleistift
Schere
schwarzen Filz- oder Buntstift
große Murmeln

Ein nettes, unkompliziertes Spielzeug, das bei vielen Gelegenheiten unterhaltsam ist. Nach der Vorlage von Seite 18 wird Tonpapier zurechtgeschnitten. Eine lustige Purzelfigur aufmalen. Den unteren Teil zusammenkleben. Eine Murmel hineinlegen und mit dem oberen Tonpapierstreifen zukleben. Fertig ist der Purzel.

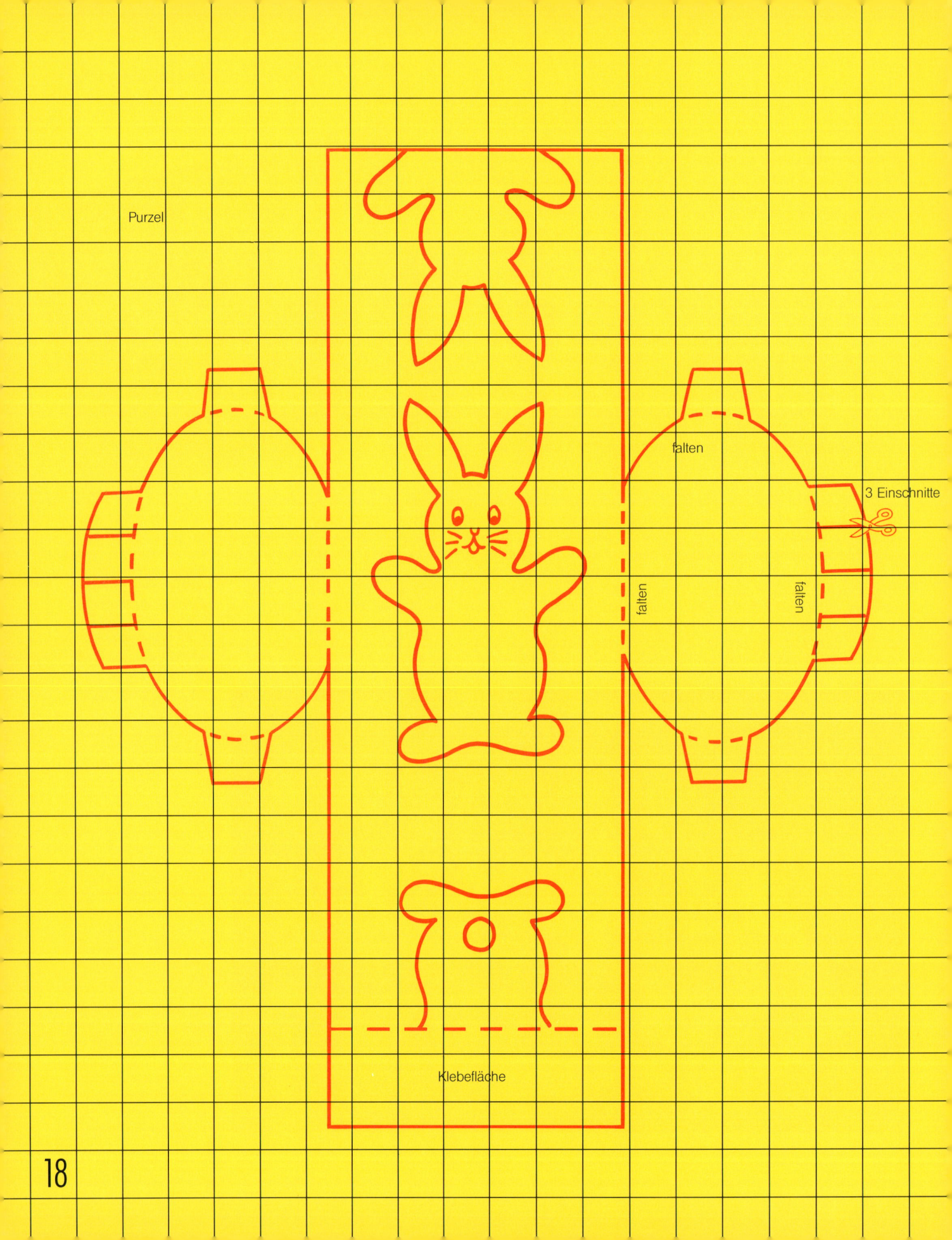

LUSTIGE FRÜHLINGSSPIELE

Korkschwimmer

Enten, Frösche und Schwäne tummeln sich im Gartenteich.

Wasser und Experimente mit dem Gleichgewicht der Figuren haben für Kinder einen besonderen Reiz. Beim Einschneiden der Korken sollte ein Erwachsener helfen.

Ob im Gartenteich oder in der Badewanne, diese Figuren schwimmen überall. Die Tiere werden aus Karton ausgeschnitten und bemalt. Zwei Korken einschneiden, die Figur in die Schlitze kleben, und schon können die ersten Schwimmversuche gestartet werden. Wenn Sie mit farbloser Schuhcreme eingestrichen werden, bleiben die Korkschwimmer wasserfest.

So wird's gemacht:

1. Übertrage die Vorlagen von Seite 19 auf Karton: Wenn du eigene Entwürfe zeichnest, sollte die Größe etwa den Tieren auf der Vorlage entsprechen.

2. Schneide die Figuren sorgfältig aus. Die Wasserrose im Faltschnitt aus einem Kreis schneiden. Dazu mit einem kleinen Trinkglas einen Kreis auf Buntpapier zeichnen und ausschneiden. Falte diese Scheibe wie auf dem Foto dreimal. Auf die gefaltete Spitze ein Blütenblatt zeichnen und ausschneiden. Auffalten und innen einen gelben Punkt in die Seerosenblüte malen oder kleben.

3. Die Figuren und Seerosenblätter bemalen.

4. Mit dem Küchenmesser zwei Korken wie auf dem Foto quer einschneiden.

5. Die Tiere in die Schlitze der Korken stecken. Probier im Waschbecken aus, ob die Figuren auf dem Wasser das Gleichgewicht halten. Falls ein Korkschwimmer kippt, die Korken etwas auseinanderschieben. Die Figuren trocknen lassen und festkleben.

6. Bei der Seerose zwei Korken mit einem Stück Zahnstocher fest zusammenstecken. Darauf dann das Seerosenblatt und die Blüte kleben.

Ideen fürs Gestalten:

Die Enten und Schwäne bekommen Flügel aus kleinen Federn. Hübsch wirkt auch ein Gefieder aus Buntpapierstückchen. Baue im Garten einen Teich für die Schwimmer. Dazu eine große Plastikschüssel mit Blättern abdecken. Gib einige Tropfen Malkastenfarbe ins Wasser. Jetzt können die Tiere munter zwischen den Wasserrosen umherschwimmen.

Nimm diese Schwimmtiere beim Ausflug mit an den See. Befestige mit Hilfe einer Stecknadel einen langen Faden am vorderen Korken. Jetzt darf die kleine Ente im großen See schwimmen, und du kannst sie am Faden immer wieder heranholen.

Auf die gleiche Art lassen sich andere Korkschwimmer basteln.

LUSTIGE FRÜHLINGSSPIELE

Du brauchst:
Karton oder Tonpapier
Flaschenkorken
Zahnstocher
Plaka-, Wasserfarben oder Buntpapier
kleine Federn
Küchenmesser
Kopier- oder Butterbrotpapier
Klebstoff
Bleistift
Schere
farblose Schuhcreme

Die Vorlagen für die Korkschwimmer findest du auf Seite 19.

Erfinde deine eigenen schwimmenden Fische in vielen bunten Farben. Mehrere Korken, mit Zahnstochern zusammengesteckt, ergeben ein Floß. Es schwimmt und trägt auch kleine Passagiere. Plötzlich taucht ein Seeungeheuer aus Korken auf. Viele zusammengeklebte Korken ergeben eine schwimmende Felseninsel. Viel Spaß bei weiteren Schwimmexperimenten!

LUSTIGE FRÜHLINGSSPIELE

Kinder haben sehr viel Freude am Formen eigener Spielfiguren. Der natürliche Drang nach Darstellung fördert die Mitteilungs- und Ausdrucksfähigkeit. Kleinere Kinder sollten diese Figuren mit einer Pappmachémasse kaschieren.

Wer hat das blaue Huhn gesehen?

Alle wollen die Eier vom blauen Huhn. Rate mal, warum?

Vorhang auf für das Fingerpuppentheater!

Hase Harry ist auf der Suche nach dem blauen Huhn. Dieses Huhn kann nämlich blaue Eier legen.

Er fragt erst Henne Berta, dann Hase Hoppel, doch niemand hat es gesehen. Das blaue Huhn versteckt sich und hört listig zu, wie die anderen suchen. Was meint ihr wohl, wie die Geschichte ausgehen wird?

Hier kannst du mit Freunden dein eigenes Fingerspiel erfinden. Eine Schachtel, eine Tischkante oder ein offenes Buch werden zur Bühne.

Überlege dir selbst, wie die Geschichte zu Ende geht. Das blaue Huhn kann beispielsweise ein anderer Spieler halten, oder stecke es doch an einen Finger der anderen Hand. Jetzt kann es sich immer wieder aufs neue verstecken und lauschen.

LUSTIGE FRÜHLINGSSPIELE

So wird's gemacht:

1. Rühre einen Teelöffel Tapetenkleister in 1/4 l Wasser an und laß ihn etwas quellen.
2. Schneide für jede Fingerpuppe einen Kartonstreifen in der Größe 4,5 x 8 cm zu. Klebe jeden Streifen zu einer Rolle, und zwar so groß, daß sie locker auf deine Finger paßt. Halte die Klebestelle mit Büroklammern zusammen und klebe zusätzlich einen Klebestreifen um die Rolle.
3. Reiß eine Zeitung in Streifen und kleine Schnipsel.
4. So formt man die Köpfe:
Ein halbes Blatt Zeitung etwas mit Kleister einpinseln und zu einer Kugel knüllen. Die Rolle auf einen Finger stecken. Setze nun die Kugel auf die Rolle. Bestreiche Papierstreifen mit Kleister und lege sie um die Papierkugel. Es muß eine haltbare Verbindung zwischen der geknüllten Zeitung und der Rolle entstehen.
5. Um eine glatte Oberfläche zu erhalten, Kopf und Hals noch mit Papierschnipseln überkleben. Drücke bei den Hasenköpfen die Schnauze etwas heraus. Verstärke diese Kopfform, indem du kleine Papierstücke ansetzt und mit eingekleisterten Schnipseln überdeckst. Den Hühnerkopf leicht flach drücken. Eine Stelle für den Schnabel suchen und gleich den Kehllappen unter dem Schnabel herausdrücken.
6. Jetzt die Figuren mit weißen Papierstückchen überkleben. Achte auf eine glatte Oberfläche. Laß die Fingerpuppen etwa drei Tage trocknen.
7. Die Hasenohren, den Hühnerkamm und den Schnabel aus Tonpapier schneiden und mit Klebstoff ankleben. Diese Teile nach der Vorlage auf Seite 108 ausschneiden oder selbst entwerfen. Anschließend bemalst du die Figuren.

So verzierst du:

Male zuerst die Untergrundfarbe auf, beispielsweise Braun für den Hasen und Blau für das Huhn. Nach dem Trocknen weiße Augenpunkte, schwarze Federn und Fellhaare aufmalen. Die angeklebten Teile wie Hasenohren oder Hühnerkamm mit der entsprechenden Farbe versehen. Die weißen Augen schwarz umranden und innen einen Augenpunkt malen. Dieses feine Ummalen des Auges kannst du auch mit einem schwarzen Filz- oder Buntstift machen. Die Barthaare beim Hasen aus Wolle aufkleben oder malen. Zusätzliche Pelzreste können dem Hasen zwischen die Ohren und über den Hinterkopf geklebt werden. Kleinere Kinder sollten die geknüllte Zeitung mit angerührter Pappmachémasse umformen. Pappmachéflocken gibt es in Bastelläden. Einfach nach der Packungsanleitung mit Wasser anrühren. Die Masse ist leicht formbar. So können Kamm und Schnabel für das Huhn gleich mit angedrückt werden.

Genauso lassen sich noch viele andere Fingerpuppen basteln. Vielleicht hast du Lust, mit deinen Freunden ein kleines Theaterstück zu schreiben. Ihr könnt es als Geburtstagsüberraschung, in der Schule oder im Kindergarten aufführen. Als Bühne eignet sich eine Schachtel. Stelle sie auf die Seite und schneide die untere Hälfte des Bodens aus, so daß die Hände durchschlüpfen können. Die Deckel vorn aufklappen. Wer will, bemalt oder beklebt seine Bühne noch.

Ein Theater läßt sich mit einem aufgeklappten Buch zaubern. Auch unter zwei Stuhllehnen, die mit einem Stoff überdeckt werden, können sich die Spieler verstecken und mit ihren Fingern über den Lehnen spielen.

Du brauchst:
dünnen Karton
Zeitungen
Tapetenkleister
weißes Papier
kleine Schüssel
Büroklammern
Klebestreifen
Tonpapierreste
Klebstoff
Malkasten oder Plakafarben
Mattlack auf Wasserbasis
Schere
Bleistift
Pinsel
Butterbrotpapier

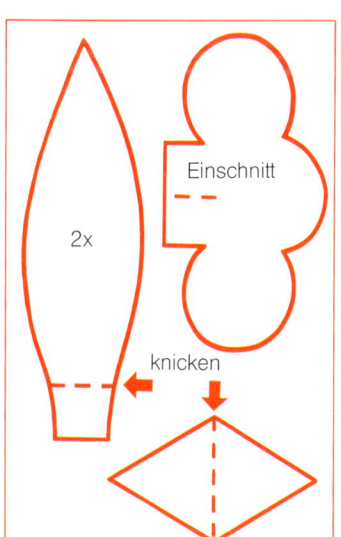

Für diese Fingerpuppen einen Kartonstreifen zu einer Rolle zusammenkleben, die locker auf den Finger paßt. Ein Stück geknüllte Zeitung auf die Rolle setzen und mit eingekleisterten Zeitungsschnipseln überkleben. Den Kopf in Form drücken und mit weißem Papier bekleben. Zusätzliche Teile aus Tonpapier schneiden und ankleben. Nach drei Tagen Trockenzeit die Figuren bemalen.

LUSTIGE FRÜHLINGSSPIELE

Die Kinder formen diese Figuren aus geknülltem Zeitungspapier, dabei bestimmen sie Haltung und Funktion ihrer Spielfigur. Gerade wenn Kinder die Häschen und Hühner bemalen, entstehen oft sehr drollige Figuren.

Du brauchst:
Zeitungspapier
Tapetenkleister
kleine Schüssel
weißes Papier
Malkasten oder Plakafarben
Pinsel
schwarzen Filz- oder Buntstift
Tonpapierreste
Schere
Klebstoff
Mattlack auf Wasserbasis

Wo geht's nach Mümmelhausen?

Die Hühner bringen ihre weißen Eier der Hasenfamilie in Mümmelhausen zum Bemalen.

So wird's gemacht:

Hasen

1. Den Arbeitsplatz abdecken und in einem Schüsselchen einen Eßlöffel Tapetenkleister mit 1/2 l Wasser anrühren. Laß den Kleister 15 Minuten quellen. Inzwischen reißt du eine Menge Streifen und Schnipsel aus Zeitungspapier.

2. Zuerst stellst du einen Zeitungsrohling her. Knülle ein Zeitungsblatt fest zusammen. Tauche die Finger in den Kleister und bestreiche die Zeitungskugel damit. Keine Angst vor Tapetenkleister, er läßt sich gut wieder abwaschen. Umwickle die Zeitungskugel mit einem großen Stück Zeitungspapier und reiß den Rest ab. Diese Kugel wird der Hasenkörper. Für den Kopf reicht ein kleineres Zeitungsstück. Drücke die Form etwas länglicher. Der Kopf sollte ein ganzes Stück kleiner sein als der Körper.

3. Drücke den Körper fest auf den Tisch, damit er eine gute Standfläche bekommt. Setze den Kopf auf den Körper und halte diese beiden Teile mit einem Stück Kreppband zusammen. Die endgültige Verbindung erfolgt mit eingekleisterten Papierstreifen. Klebe diese über Kopf und Körper, so daß am Hals eine haltbare Verbindung entsteht. Die ganze Figur noch mit Zeitungsschnipseln und anschließend mit weißen Papierstückchen überkleben.

4. Vor dem Bemalen müssen die Figuren vier Tage trocknen. In dieser Zeit überprüfst du, ob die Tiere auch wirklich schön glatt

Diese Häschen und Hühner sind ideal zum Spielen. Sie sind leicht und unzerbrechlich. Die Grundform besteht aus geknüllten Zeitungen und Tapetenkleister.

LUSTIGE FRÜHLINGSSPIELE

sind. Faltige und unebene Stellen nochmals mit eingekleisterten weißen Schnipseln überkleben und trocknen lassen.

5. Aus Tonpapier Hasenohren schneiden, unten umknicken und mit Klebstoff befestigen. Jetzt können die Figuren bemalt werden.

Hühner

1. Die Hühner ähnlich wie die Hasen herstellen. Nur formst du die geknüllte Zeitung für den Körper etwas länglicher. Umwickle die Körperform mit einem eingekleisterten Zeitungsstück. Der abstehende Zeitungsrest wird gleich zum Schwanz zusammengedrückt.

2. Für den Hühnerkopf eine Kugel einkleistern und flach drücken. Wie bei den Hasen mit Kreppband und eingekleisterten Papierstreifen über Kopf und Körper eine haltbare Verbindung am Hals herstellen. Die ganze Henne mit weißen Papierschnipseln glatt überkleben.

3. Nach vier Tagen Trockenzeit einen Kamm und Schnabel aus Tonpapier aufkleben. Die Hennen weiß oder gelb bemalen.

So verzierst du:

Alle Figuren zunächst in der von dir gewünschten Grundfarbe bemalen.

Bei braunen oder gelben Tieren für die Augen zwei weiße Punkte auftragen. Das Augeninnere und die Barthaare beim Hasen mit schwarzem Filz- oder Buntstift malen. Fellhaare oder Federn mit einem dünnen Pinsel stricheln. Wenn die Figuren wackelig stehen, Füße aus Tonpapier ankleben. Zum Schluß jedes Tier mit Mattlack überziehen.

Wer will, baut für die Hasen und Hühner noch ein Häuschen. Für das Hasenhaus wurden die Schachteldeckel hochgeklappt und mit Tonpapier überklebt.

Für die Herstellung dieser putzigen Figuren braucht man keine aufwendigen Materialien. Geknüllte Zeitungen mit eingekleisterten Zeitungsschnipseln umkleben. Am Schluß jede Figur mit einer Schicht aus weißen Papierstückchen überziehen. Die Tiere vier Tage trocknen lassen. Ohren, Kamm und Schnabel ankleben und alle lustig bemalen.

Vielleicht sind noch alte Schachteln übrig? Daraus läßt sich für die Hasen ein gemütliches Haus basteln, und die Hühner bekommen einen geräumigen Stall. Die Fenster und Türen sollte ein Erwachsener mit einem Cuttermesser herausschneiden. Das Haus kann nach Belieben bemalt und beklebt werden.

Für kleinere Kinder eignet sich flockenartiges Pappmaché, um die geknüllte Zeitung zu umformen. Die Masse nach der Packungsanleitung mit Wasser anrühren. Kamm und Schnabel bei den Hühnern können gleich mitgeformt werden.

LUSTIGE FRÜHLINGSSPIELE

LUSTIGE FRÜHLINGSSPIELE

Kuschelige Handpuppen

Vorhang auf, Bühne frei: Diese niedlichen Tiere spielen bei jedem Theater mit.

Beim Spiel mit Handpuppen finden Kinder eigene Ausdrucksmöglichkeiten, ihre Umwelt darzustellen. Es bereichert den Wortschatz und regt zu eigenen Improvisationen an.

So wird's gemacht:

1. Übertrage die Vorlage von den Seiten 28 und 29 auf Butterbrotpapier. Schneide die Figur aus. Das wird die Schnittvorlage.
2. Lege den Plüsch doppelt, mit der schönen Seite nach innen. Stecke die Schnittvorlage mit Stecknadeln auf den Plüsch. Beachte dazu das Foto. Die Stecknadeln wie auf dem Bild durch beide Plüschteile stecken.
3. Zeichne die Umrisse der Handpuppe mit einem weichen Bleistift auf den Plüsch. Anschließend den Schnitt abnehmen.
4. Da man zwei Lagen Plüsch gleichzeitig ausschneidet, muß darauf geachtet werden, daß sich die Stofflagen nicht verschieben. Stecke sie deshalb mit zwei Stecknadeln zusammen. Jetzt die Figur am Bleistiftrand ausschneiden. Laß dir dabei etwas helfen.
5. Die Ränder einer Plüschinnenseite dick mit Textilkleber bestreichen. Der untere Rand muß zum Einschlüpfen für die Hand offen bleiben. Lege das zweite Teil mit der schönen Seite nach oben auf das untere Teil. Drücke den Rand gut zusammen, damit der Klebstoff hält. Laß den Stoffkleber etwa 15 Minuten trocknen. Die noch offenen Stellen nachträglich zukleben.
6. Gesicht, Pfoten und Augen der Tiere aus Filzresten aufkleben. So bekommen die Augen mehr Lebendigkeit. Zuerst zwei weiße Filzkreise aufkleben und darauf einen kleinen schwarzen Punkt malen oder kleben. Für die Augen können auch passende Knöpfe angenäht werden. Falls am Rand ein Plüschteil etwas übersteht, dieses nachschneiden. Den oberen Teil vom Kopf mit Plüschresten oder Watte ausstopfen. Mit einer Hand in die Spielfigur schlüpfen. Den Zeigefinger in den Kopf stecken. Daumen und Mittelfinger in die Arme spreizen, und schon wird deine Handpuppe lebendig. Erfinde eigene Spiele oder verwende Geschichten aus dem Lesebuch für deine Theateraufführung.

Ideen fürs Gestalten:

Selbstverständlich können so auch andere Tiere hergestellt werden. Wichtig ist eine einfache zusammenhängende Form. Deine Handfläche muß locker auf dem Entwurf Platz haben, dann paßt die Größe der Spielfigur.
Sind die Vorlagen aus dem Buch für deine Hände zu groß, den Schnitt am Rand etwas kleiner machen. Beim Hockelhasen oder einem Käfer muß man wie in einen Handschuh hineinfassen. Beim Hockelhasen am unteren Rand einen Eingriff lassen. Beim Käfer den hinteren Rand eine Handbreit offen lassen.
Als Theater dient eine Wäscheleine mit einem Bettuch darüber, ein großer Karton, eine Tischkante oder ein Fenster im Erdgeschoß. Man sollte sich unter der Spielbühne bequem verstecken können. Schreibe doch mal mit Freunden dein eigenes Stück, und lade zur Vorführung ein.

Du brauchst:
verschiedene Plüschstoffe, etwa 20 x 30 cm für ein Tier
Filzreste
Knöpfe
Textilkleber
Stecknadeln
Bleistift
gut schneidende Schere
Butterbrotpapier

Das Küken Kick (linke Seite) hilft den drei Hasen beim Verstecken der Ostereier. Die Hasen überlegen sich gerade interessante Verstecke. Was ihnen wohl eingefallen ist?

Diese Handpuppen sind aus Plüschteilen ausgeschnitten und mit Stoffkleber zusammengeklebt. Die Figuren können auch mit der Nähmaschine zusammengenäht werden. Die Vorlage für den Hockelhasen ist bei den Stabfiguren aus Sperrholz im 2. Kapitel zu finden. Diesen Hasen unten eine Handbreit offen lassen.

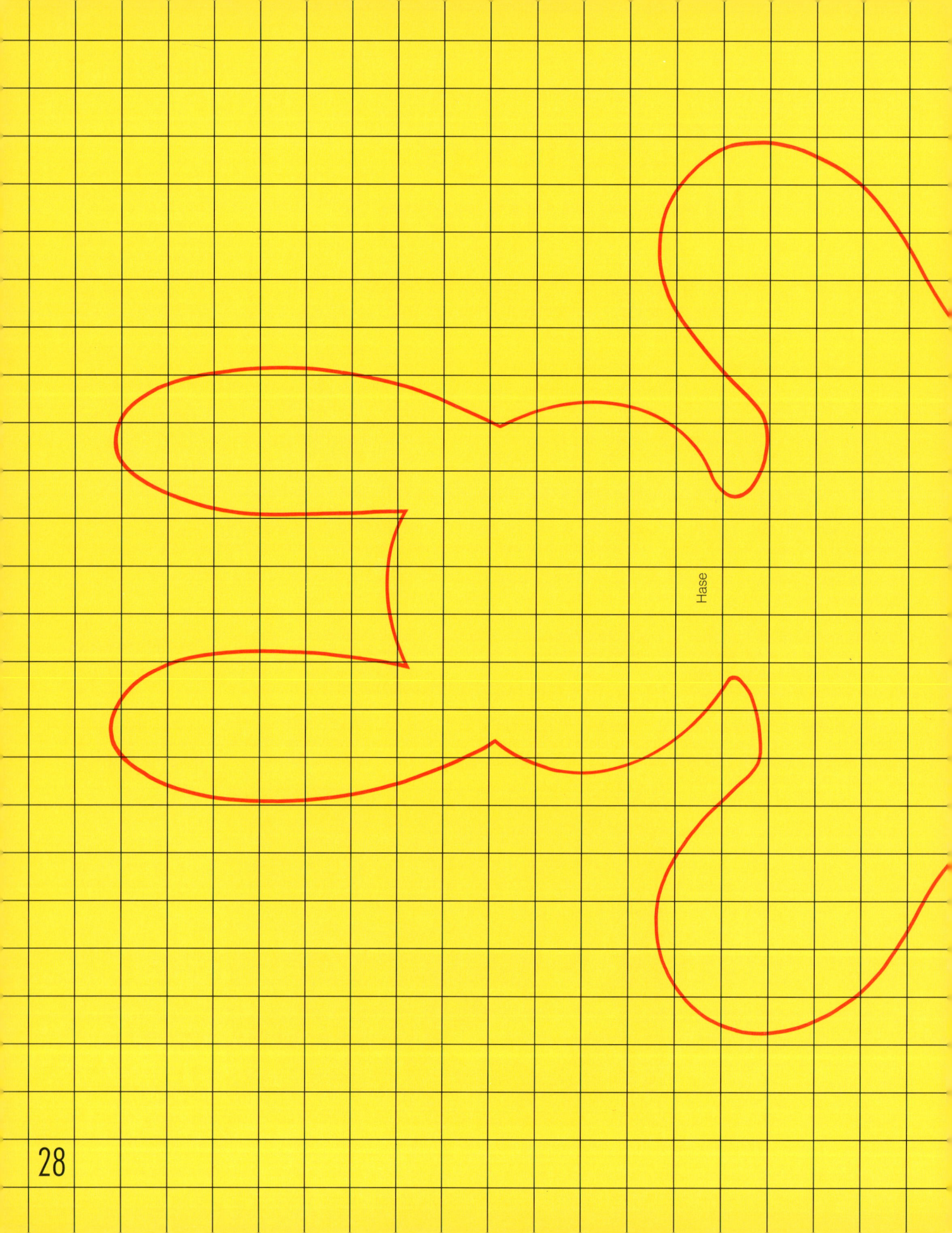
Hase

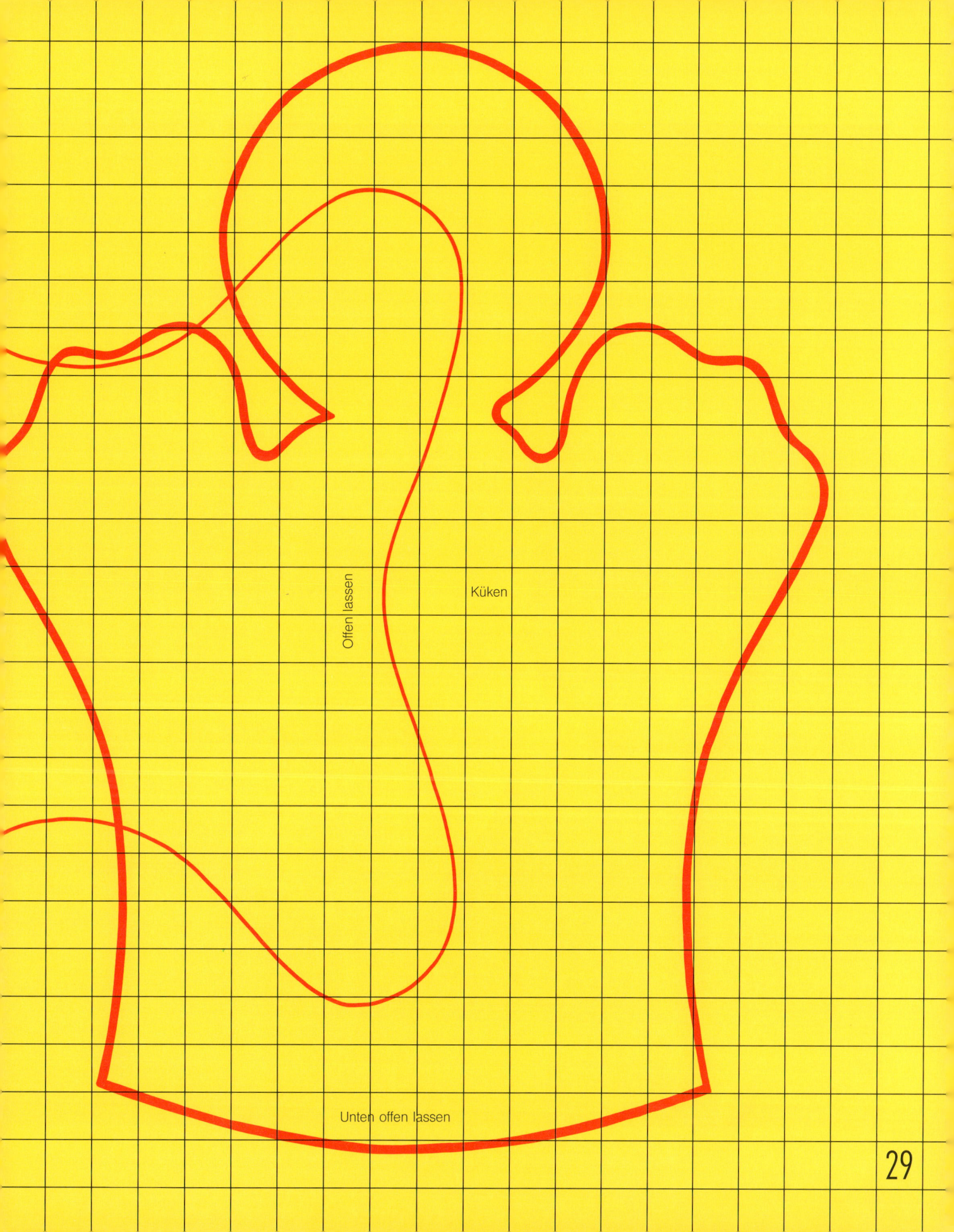

LUSTIGE FRÜHLINGSSPIELE

LUSTIGE FRÜHLINGSSPIELE

Fang den Wind!

Viele bunte Windräder stehen im Garten. Welches dreht sich wohl am schnellsten?

So wird's gemacht:

Windrad mit vier Flügeln

1. Für das Windrad brauchst du ein quadratisches Papier. Dazu kannst du das Quadrat aus der Vorlage auf Seite 34 verwenden. Nur die äußeren Linien auf Karton übertragen und mit dieser Kartonschablone die Umrisse auf das Papier zeichnen.
Du kannst auch gleich aus dem Tonpapier ein Quadrat schneiden. Falte dazu aus einem DIN-A4-Papierbogen ein Dreieck und schneide den überstehenden Streifen ab. Schon erhältst du ein Tonpapierstück mit vier gleichen Seiten.
2. Mit Lineal und Bleistift zwei Verbindungslinien von einer Ecke zur gegenüberliegenden Ecke einzeichnen. Dort, wo sich die Striche kreuzen, ist der Mittelpunkt.
3. Miß vom Mittelpunkt aus 2 cm an den eingezeichneten Linien ab und markiere diese Stellen.
4. Schneide die Linien genau bis zu dem gekennzeichneten Punkt ein.
5. Stich mit der Nadel in den Mittelpunkt und in jede zweite Spitze ein Loch.
6. Lege dir einen 20-25 cm langen Blumenstieldraht und eine Kombizange bereit. Jetzt das Windrad auf den Draht stecken. Am besten geht das, wenn du den Draht zwischen die Knie klemmst. Damit dir das Windrad nicht nach unten rutscht, an den Draht eine Wäscheklammer zwicken. Durch das Loch in der Mitte das Windrad auf den Draht stecken. Anschließend nachein-

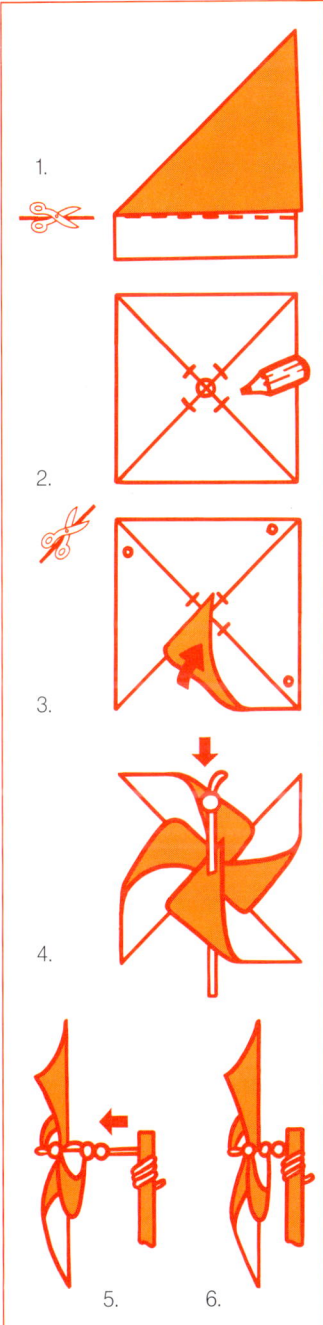

Das Spiel mit dem Wind hat für Kinder eine große Anziehungskraft. Vierflügelige Windräder aus leichtem Tonpapier können auch schon kleine Kinder mit etwas Mithilfe zusammenstecken. Für Schulkinder gibt es zum Experimentieren einige Variationen.

Du brauchst:
Tonpapier oder stärkeres Geschenkpapier
Karton
Holzperlen mit 0,5 – 1 cm Durchmesser
Blumenstieldraht mit 0,8 mm Durchmesser
große Nadel
Holzstäbe oder Zweige
Bleistift
Lineal
Büroklammern
Schere
Kombizange
evtl. Farben oder Stifte
Federn
farbiges, schmales Klebeband

Diese Windräder kann man mit vier oder acht Flügeln basteln. Sie werden aus Papier gefaltet und mit Draht an Holzstäbchen oder Zweigen befestigt. Zusätzlichen Verzierungsmöglichkeiten mit Farbe, Papier oder Federn sind keine Grenzen gesetzt.

LUSTIGE FRÜHLINGSSPIELE

ander die Spitzen auf den Draht stecken. Eine Perle auffädeln und das obere Drahtende mit der Zange umbiegen.

7. Zum Schluß an der Rückseite des Windrades noch zwei Perlen auffädeln. Der Draht im Windrad darf nicht verbogen sein, sonst dreht es sich nicht. Jetzt das Ende des Drahtes straff um den Holzstab wickeln, aber dabei das Windrad nicht zu fest zusammenziehen. Die Flügel dürfen auch nicht an das Holz anstoßen. Sie brauchen Abstand für die Drehbewegung.

Windrad mit acht Flügeln

1. Für dieses doppelte Windrad brauchst du zwei Quadrate. Übertrage dazu die Vorlage mit den Innenlinien auf Seite 34 auf Karton. Schneide ein Quadrat wie für das vierflügelige Windrad zu. Für das zweite Quadrat die Kartonvorlage auf das Tonpapier legen und mit zwei Büroklammern festhalten. Umrisse und Innenlinien aufzeichnen und ausschneiden.

2. Die beiden Teile anschließend deckungsgleich aufeinanderlegen. Gegen den Uhrzeigersinn die abgewinkelten Einschnitte des zweiten Quadrats in die Einschnitte des ersten Quadrats schieben. Betrachte dazu das Foto. Nun in alle acht obenliegenden Spitzen und in die Mitte mit der Nadel Löcher stechen. Die Einstichstellen sind auf der Vorlage markiert.

3. Einen 20–25 cm langen Draht durch die Mitte stecken. Die Spitzen nacheinander auf den Draht fädeln wie beim vierflügeligen Windrad. Eine Perle auffädeln und das obere Drahtende mit der Zange umbiegen.

4. Als Abstandhalter auf der Rückseite des Windrades noch zwei bis drei Perlen auffädeln. Die Befestigung erfolgt wie beim Windrad mit vier Flügeln.

Propellerwindrad

1. Übertrage die Vorlage von Seite 35 für einen Propeller auf Karton. Zeichne dir diese Schablone auf drei verschiedenfarbigen Tonpapieren auf. Schneide die drei Teile aus.

2. Falte die beiden inneren Ecken etwas über die Mitte und stich ein Loch durch die Mitte.

3. Stecke die einzelnen Propellerflügel auf ein 20 cm langes Drahtstück. Darunter eine Wäscheklammer zwicken, damit die Teile nicht durchrutschen. Klebe die drei Flügel kreisförmig verteilt neben dem Mittelpunkt aneinander.

4. Oben eine Perle auffädeln und die Drahtspitze umbiegen. Auf der Rückseite ebenfalls zwei

Die Vorlage für das Windrad mit acht Flügeln findest du auf Seite 34. Für das Auffädeln der Windradspitzen hinsetzen und den Draht zwischen die Knie klemmen. Den Draht durch das Loch in der Mitte schieben. Über dieses Drahtende jede zweite Spitze stecken. Eine Perle auffädeln und das obere Drahtende umbiegen.

LUSTIGE FRÜHLINGSSPIELE

Perlen auffädeln und das Drahtende um einen Stab oder einen Zweig wickeln.

5. Wenn du willst, schneide die Propellerkanten vorn schräg zu. Die Spitzen oder Kanten nach oben oder unten biegen, damit sich der Wind darin fangen kann.

So verzierst du:

Die Flügelspitzen der Windräder können zusätzlich geschmückt werden. Aus Falt- oder Buntpapier kleine Schmetterlinge, Blümchen, Küken oder Hasen ausschneiden und an die Spitzen kleben. Viele Vorlagen aus dem Buch eignen sich dafür. Auch weiche Federn an den Flügelspitzen wirken reizvoll. Der Mittelpunkt läßt sich mit einem Sonnengesicht aus Tonpapier verschönern. Diese Verzierung muß allerdings vor der Holzperle auf den Draht gesteckt werden.

Interessant sehen bemalte oder beklebte Holzstöckchen aus, an denen das Windrad befestigt wird. Bei den Holzstäbchen auf dem Foto wurde ein Klebeband schräg um den Stab gewickelt und dabei leicht gedehnt.

Soll das Windrad wetterfest als Schmuck im Garten stehen, empfiehlt es sich, das Tonpapier mit einer selbstklebenden Folie zu überziehen. Sicher findest du viele witzige Befestigungsmöglichkeiten im Freien. Das Propellerwindrad etwa läßt sich mit einer Wäscheklammer beliebig an Äste, Zäune oder Balkongeländer klemmen. Dazu einen Korken an einen Wäscheklammergriff anlegen und beides mit Klebeband umwickeln. Die Propellerflügel zusammenkleben und eine Stecknadel durch den Mittelpunkt stecken. Eine kleine Perle auffädeln und die Stecknadel in ein Korkende drücken.

Hier wurden mehrere Windräder an einem Zweig befestigt.

Das Propellerwindrad wird aus einzelnen Papierstreifen gefaltet und ist ganz leicht herzustellen. Die Vorlage findest du auf Seite 35. Binde an einen Korken eine Wäscheklammer. Stecke mit einer Stecknadel das Windrad in den Korken. Jetzt kann man es an Zweige oder Zäune klammern.

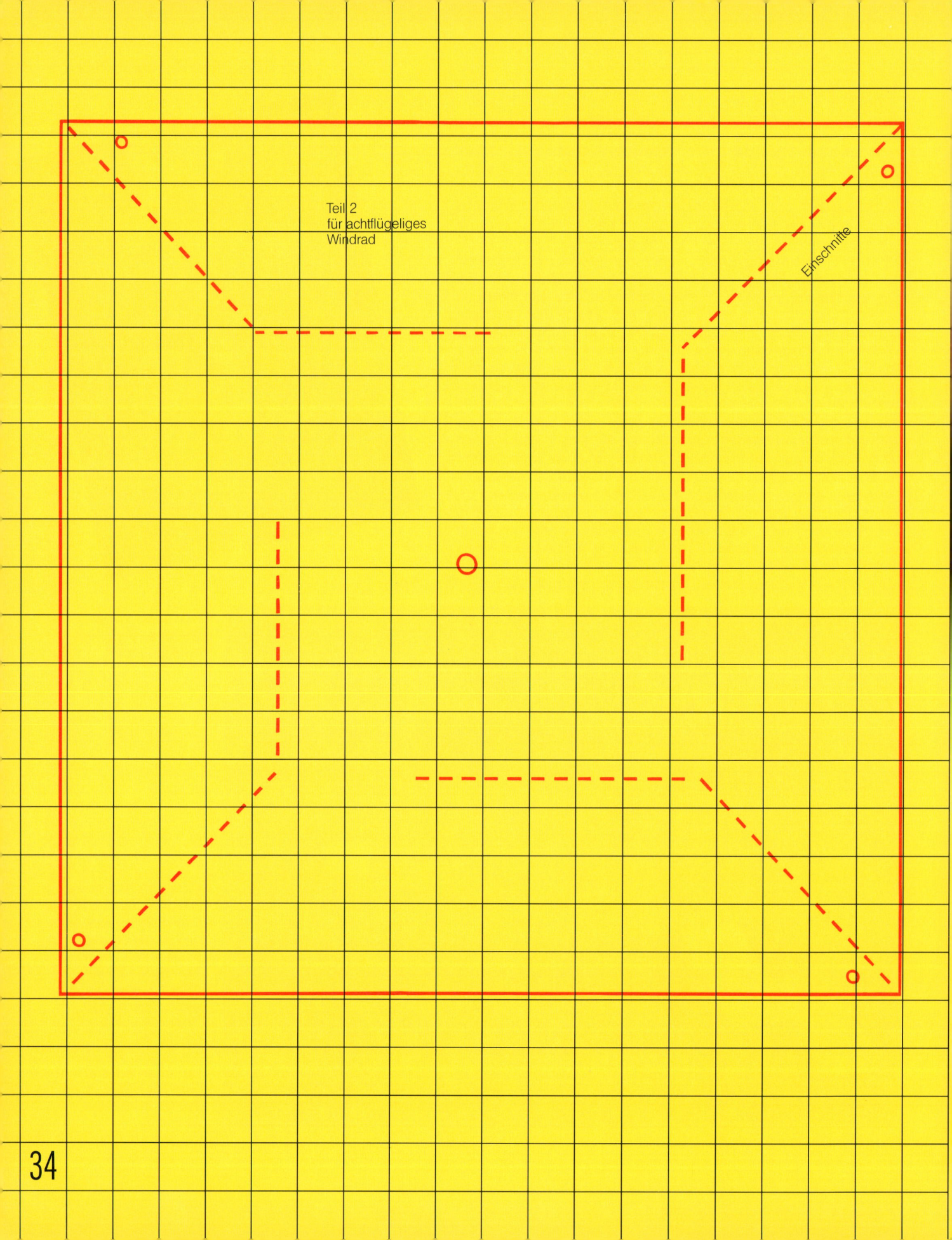

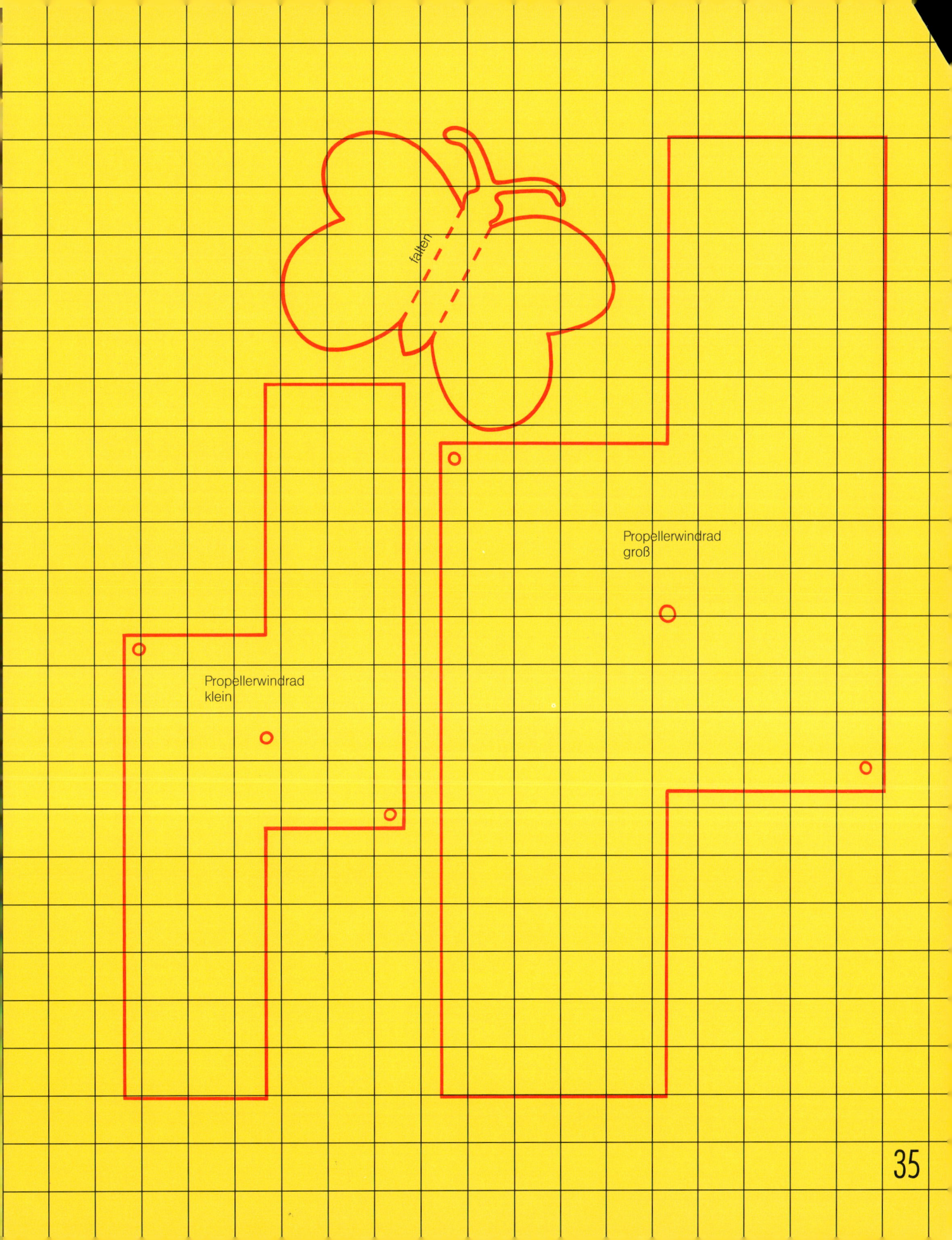

Schönes für die Frühlings- und Osterzeit

SCHÖNES FÜR DIE FRÜHLINGS- UND OSTERZEIT

Die Nachbildung der Krokusse erfordert Sachwissen über die Blume und erweitert durch Beobachten die Wahrnehmungsfähigkeit der Kinder.

Du brauchst:
Kreppapier in verschiedenen Farben
grünes Tonpapier
Blumendraht, etwa 0,35 mm stark
Holzspieße
Blumenband (Kreppwickelband)
Schere
Bleistift
Büroklammern
Lineal
etwas Wellpappe
grünes Seidenpapier
Blumentöpfe

Die ersten Frühlingsboten

Diese Krokusse sprießen in allen Farben.

So wird's gemacht:

1. Für einen Krokus einen 20 cm langen und 6 cm breiten Streifen Kreppapier abmessen und zuschneiden. Schneide dabei immer quer zu der längs verlaufenden Papierstruktur. Der Streifen bleibt dadurch dehnbar. Am besten ist es, du schneidest dir auf Vorrat gleich mehrere solcher Streifen in verschiedenen Farben zu.

2. Den Kreppapierstreifen zu Zickzackfaltungen legen, da-

So holst du dir den Frühling ins Zimmer. Diese Krokusse wirken fast echt. Die Blätter werden aus Kreppapier zugeschnitten und mit Draht um ein Holzstäbchen befestigt. Den Stiel noch mit Blumenband umwickeln und die Blätter gleich mit einbinden.

SCHÖNES FÜR DIE FRÜHLINGS- UND OSTERZEIT

durch können vier gleiche Blätter auf einmal ausgeschnitten werden. Halte die Faltung mit Büroklammern zusammen.

3. Zeichne eine Blattform auf die obere Seite des gefalteten Papiers. Achte aber darauf, daß du die Blattgröße fast so groß wie die Breite des Papierstreifens zeichnest.

4. Schneide die Blätter entlang der Aufzeichnung aus. Wenn mehr als vier Blätter entstanden sind, bewahre den Rest für weitere Blüten auf.

5. Jetzt bereitest du das Innere der Blüte vor. Lege dir ein 5 cm langes Stück Blumendraht und ein kleines Stück gelbes Kreppapier zurecht. Wickle das Kreppapier um das Ende des Holzspießes, schiebe es etwas nach oben und befestige es straff mit Blumendraht. Schneide das Blüteninnere fransig ein, damit es aussieht wie Staubgefäße.

6. Die Blütenblätter wirken mit einer leichten Wölbung echter. Drücke dazu mit dem Daumen in die Mitte des Blattes und dehne an dieser Stelle das Kreppapier etwas aus.

7. Schneide dir ein 20 cm langes Stück Blumendraht ab. Lege ein Blütenblatt an das Blüteninnere. Wickle den Draht zweimal um das untere Blattende. Lege nacheinander die restlichen Blätter um das Holzstäbchen und befestige sie einzeln mit Draht. Am Schluß den Draht straff anziehen und um das Stäbchen drehen.

8. Die Blätter der Krokusse sehen aus wie dünne, spitze Streifen. Solche schneidest du aus grünem Tonpapier zurecht.

9. Jetzt wird aus dem Holzstäbchen ein grüner Blumenstiel. Schneide ein 15-20 cm langes Stück Blumenband ab. Beginne oben unter der Blüte und wickle das Band um das Holzstäbchen. Die Stelle, an der die Blütenblätter angedrahtet sind, soll damit ganz verdeckt werden. Dehne das Blumenband immer etwas

aus und ziehe es in schrägen Windungen um den Stiel. Die grünen Blätter befestigst du dabei gleich mit. Lege das Blattende an das Holz und wickle es mit ein.

10. Brich das Ende des Holzstäbchens ab und zupfe die Blüten noch etwas in Form. Bastle mehrere solcher Krokusse mit unterschiedlicher Stiellänge.

11. Damit die Krokusse im Blumentopf halten, steckt im Topf ein aufgerollter Wellpappestreifen. Lege ein Stück grünes Seidenpapier darüber und bestecke den Blumentopf mit den leuchtenden Frühlingsboten.

Ideen fürs Gestalten:

Wenn du kein grünes Blumenband für den Stiel zur Verfügung hast, eignet sich für diesen Zweck genausogut auch ein schmales Kreppband. Allerdings muß dieses grün angemalt werden. Für das Blüteninnere kann man auch weißes Kreppapier oder ein Stück Papiertaschentuch gelb einfärben.

Besonders natürlich wirken die Blütenblätter immer dann, wenn sie mit Wasserfarbe einen zarten Anstrich bekommen. Die weißen Krokusse auf dem Foto links sind beispielsweise so bemalt worden.

Natürlich kannst du die Krokusse auch als Schmuck für das Osternest verwenden. Hübsch wirken sie auch als Strauß in einer Vase. Stecke sie an einem sonnigen Tag ins Gras. Mal sehen, ob jemand bemerkt, daß du es warst, der die Blüten dort hingezaubert hat.

Auf die gleiche Art lassen sich auch Schneeglöckchen basteln. Dazu verwendest du nur weißes Kreppapier und als Stiel einen Trinkhalm. Rolle ein Stück weißes Papier zusammen und stecke es oben in den Trinkhalm. Außen befestigst du mit Draht vier Blätter. Ziehe die Blätter in eine gebogene Form. Das Blüteninnere bekommt einige grüne Farbtupfer. Anschließend umwickelst du den Trinkhalm wieder mit Blumenband und biegst die Blüte nach unten.

Der Krokus erhält innen kleine Staubgefäße aus gelbem Kreppapier und außen zarte Blütenblätter, wie die echten Krokusse.

SCHÖNES FÜR DIE FRÜHLINGS- UND OSTERZEIT

Ein Korb voller Osterglocken

Aus Kreppapier entstehen diese Narzissen in leuchtenden Farben, die man nie zu gießen braucht.

Durch gezieltes Betrachten dieser Blume finden Kinder die notwendigen Arbeitsschritte zum Nachbilden solcher Narzissen. Der Faltschnitt erlaubt eine zeitsparende Vervielfältigung der Blütenblätter.

Du brauchst:
gelbes, oranges und weißes Kreppapier
Trinkhalme
grünes Tonpapier
Blumendraht, etwa 0,35 mm stark
Blumenband
Klebstoff
Holzspieß
Schere
Bleistift
Lineal
Wellpappereste
Moos oder Seidenpapier
Körbchen

Diese Narzissen brauchst du nie zu gießen. Ihre Blätter und der Blütenkelch sind aus Kreppapier geschnitten.

So wird's gemacht:

1. Schneide für den inneren Blütenkelch ein Stück Kreppapier zurecht, 7 cm lang und 7 cm breit. Dehne eine Kante etwas aus. Rolle mit einem Holzspieß diese Kante nach außen. Drehe das Papier zu einem Blütenkelch und klebe die seitlichen Kanten zusammen.

2. Für die äußeren Blätter mißt du einen 7 cm breiten und 25 cm langen Kreppapierstreifen ab. Achte beim Zuschneiden darauf, daß du immer quer zur Oberflächenstruktur schneidest. Nur so bleiben die Schnittkanten dehnbar.

3. So erhält man gleiche Blütenblätter: Den Streifen in Zickzack-Faltungen legen und mit zwei Büroklammern zusammenhalten. Auf die obere Papierlage ein spitzes Blütenblatt zeichnen. Das Blatt soll mit der Spitze fast bis zur unteren und oberen Schnittkante gezeichnet werden.

4. Schneide die Blätter aus. Für eine Narzisse brauchst du fünf Blütenblätter. Dehne die Blätter in der Mitte leicht aus, damit sie sich wölben.

5. Umwickle das obere Ende des Trinkhalms mit einem Stück orangem Krepp- oder Seidenpapier. Binde es mit Draht fest.

6. Stecke den Blütenkelch über den Trinkhalm. Schneide dann ein etwa 20 cm langes Drahtstück ab und binde den Blütenkelch damit fest.

7. Lege jedes äußere Blütenblatt einzeln um den Blütenkelch und umwickle es fest mit Draht. Das Drahtende am Schluß noch dreimal um den Trinkhalm drehen und abschneiden.

8. Osterglocken haben schmale, lange Blätter mit einer abgerundeten Spitze. Schneide solche Blätter aus grünem Tonpapier zu.

9. Wickle ein etwa 25 cm langes Blumenband leicht gedehnt um den Trinkhalm. Beginne dabei am Blütenansatz und verdecke damit den Draht. Die grünen Blätter werden dabei gleich mitbefestigt, indem das Ende mit eingewickelt wird. Ziehe die Narzissenblüte noch etwas in Form.

10. Schneide einen Wellpappestreifen etwas kleiner als dein Körbchen zu. Rolle diese Wellpappe auf und fülle damit den Korb aus. Lege etwas Moos oder grünes Seidenpapier darüber und stecke die Osterglocken in einer hübschen Anordnung in die Wellpappe.

So verzierst du:

Osterglocken können in verschiedenen Farben leuchten. Von weiß bis gelborange gibt es vielfältige Züchtungen. Schneide einfach die Blütenblätter oder den Blütenkelch aus einer anderen Farbe, und schon erhältst du eine neue Narzissenart.

Eine Knospe entsteht, wenn vier Blätter mit der Wölbung nach innen um einen Trinkhalm gebunden werden.

Kleineren Kindern gelingt es eher, einen Blütenkelch aus gerafftem Kreppapier zu formen. Diesen kann man in den Trinkhalm stecken und mit Draht oder Klebestreifen befestigen.

Wenn kein oranges Papier für das Blüteninnere vorhanden ist, kannst du es auch einfach weiß anmalen.

Kreppblumen sollten niemals in der Sonne stehen, sonst bleicht die Farbe aus.

Ein bunter Frühlingsstrauß entsteht, wenn diese Osterglocken mit weiteren Blumen kombiniert werden. Die Krokusse des vorangehenden Themas eignen sich gut dazu. Auch selbsterfundenen Blumenarten steht nichts im Wege. Aus Blätter- und Papierresten lassen sich viele interessante Blümchen erfinden.

SCHÖNES FÜR DIE FRÜHLINGS- UND OSTERZEIT

SCHÖNES FÜR DIE FRÜHLINGS- UND OSTERZEIT

Das Bemalen dieser Tulpen ist eine ideale Übung für den Umgang mit Wasserfarben. Anhand von Bildern oder echten Tulpen werden Farbwirkungen besprochen und auf diese Arbeit übertragen.

Du brauchst:
Zeichenblockpapier
Wasserfarben
weißes Teelicht
Papiertücher
Reißnägel
Rundholzstäbe aus
   Weichholz, 4-5 mm
kleinen Kuchenteller
Untertasse
Bleistift
Schere
Klebstoff
breite Pinsel
Wäscheklammern

Leuchtende Tulpen

Die prachtvollen Blumen sind in leuchtenden Farben bemalt.

So wird's gemacht:

1. Zeichne mit Hilfe eines kleinen Kuchentellers und einer Untertasse Kreise auf einen Bogen Zeichenblockpapier. Lege zwei bis drei Bogen Zeichenblockpapier übereinander. Halte sie mit zwei Büroklammern zusammen und schneide gleich mehrere Kreise auf einmal aus.

2. Jede einzelne Papierscheibe ergibt dabei eine Tulpe. Dazu malt man diese Scheiben in leuchtenden Farben an. Innen allerdings etwas heller bemalen. Einige schwarze Punkte stellen die Staubgefäße in der Blüte dar. Wenn eine Seite trocken ist, die Rückseite der Blüte bemalen. Bei den restlichen Papierscheiben genauso vorgehen.

3. Deine Tulpen halten sogar leichten Regen aus. Wasserspritzer perlen ab, wenn du sie mit Wachs einstreichst. Ein Teelicht besteht aus besonders weichem Wachs, das sich gleichmäßig verteilen läßt. Du kannst aber auch eine weiße Haushaltskerze verwenden. Streiche die bemalten und getrockneten Scheiben von der Mitte nach außen mit Wachs ein. Am Schluß nochmals um den Rand streichen. Die Rückseite genauso wachsen und darauf achten, daß keine Stellen frei bleiben. Lege ein Papiertuch auf die Heizung oder bügle es warm und poliere damit die Wachsoberfläche.

4. Falte die gewachsten Scheiben zur Hälfte, auf ein Viertel und auf ein Achtel – also dreimal falten. Zeichne ein Tulpenblatt auf das gefaltete Papier.

5. Schneide das Tulpenblatt aus und falte die Blüte auf. Zwischen zwei Blättern bis zur Mitte einschneiden. Klebe zwei Blätter übereinander, und wenn deine Tulpe bereits weit aufgeblüht sein soll, vier Blätter.

6. Nun brauchst du auch einen Blumenstiel. Male das Holzstäbchen grün an. Stecke die Blüte in der Mitte mit dem Reißnagel auf das Stäbchen oder den Zweig. Laß dir dabei helfen, denn das Hineindrücken des Reißnagels ist etwas schwierig.

7. Die Tulpe bekommt jetzt grüne Blätter. Bemale dazu ein Stück Zeichenblockpapier auf beiden

Für die Blüten eine bemalte Papierscheibe mit Wachs einstreichen. Falte das Papier dreimal und schneide dann eine Tulpenblattform aus. Jeweils zwei Blätter übereinanderkleben. Die Blüten auf einen Holzstab stecken und grüne Blätter ankleben.

42

SCHÖNES FÜR DIE FRÜHLINGS- UND OSTERZEIT

Seiten mit grüner Farbe. Nach dem Trocknen wieder wachsen. 5 cm breite Streifen schneiden. Diese in der Mitte falten und daraus die Form eines Tulpenblattes schneiden. Die untere Spitze etwas abschrägen. Zwei Blätter nebeneinander an den Stiel kleben und mit einer Wäscheklammer andrücken, bis der Klebstoff getrocknet ist.

So verzierst du:

Erinnere dich an die echten Tulpen, und du wirst feststellen, daß es eine Vielzahl von Farben und Formen gibt. Genauso unterschiedlich bemalst du deine Tulpen. Keine gleicht der anderen.

Der Blütenrand kann spitz, geschwungen, rund oder gezackt zugeschnitten werden. Selbstverständlich mußt du aus der bemalten Scheibe nicht unbedingt eine Tulpe schneiden. Erfinde eigene Wunderblumen mit phantasievollen Blüten und Blättern. Das wird eine Überraschung, wenn im Garten oder auf dem Balkon eine solche Phantasieblume wächst!

SCHÖNES FÜR DIE FRÜHLINGS- UND OSTERZEIT

Du brauchst:
ungemusterte Geschirrtücher oder Bett-, Taschentücher und Servietten
einfarbige Stoffreste
Stoffarben
Farbschälchen oder Gläserdeckel
Schablonierpinsel
dünnen Malkastenpinsel
kleine Schwammstücke
schwarzen und grünen Stoffmalstift
Stecknadeln
Holzspieß
Schreibpapier
Bleistift
Schere
Doppelkarten oder Briefpapier
Bügeleisen

So einfach geht Schablonendruck (rechte Seite): Eine Schablone ausschneiden, auf den Stoff oder die Karten legen und die freien Stellen mit Stoffarben betupfen. Die Schablonen kannst du mehrmals verwenden und damit eine ganze Blumenwiese drucken. Wenn mal ein Klecks daneben geht, drucke einfach eine Blume, einen Schmetterling oder einen Käfer darauf.

Diese hübschen Frühlingsblumen finden überall einen Platz: Vorhang, Kissen, Kleidungsstücke, Geschirr- und Taschentücher als Deckchen. Beinahe alles kann damit bedruckt werden.

SCHÖNES FÜR DIE FRÜHLINGS- UND OSTERZEIT

Frühlingsdecken

Diese Geschirrtücher sind mit einfachen Papierschablonen bunt bedruckt.

Die Kinder arbeiten mit selbstgefertigten Schablonen und berücksichtigen dabei verschiedene Anordnungsmöglichkeiten. Den Kindern sollte erklärt werden, daß die Druckschablone die Negativform des Motivs darstellt. Auf dem Stoff erscheint positiv, was die Kinder aus dem Papier geschnitten haben.

So wird's gemacht:

1. Zuerst brauchst du Druckschablonen. Falte dafür einen Bogen Schreibpapier in der Mitte. Zeichne an die Faltkante eine halbe Blume, beispielsweise den Kopf einer Tulpe, und darunter einige Blätter. Wichtig ist, daß die Teile immer bis zu der Faltkante gezeichnet werden. Achte auf genügend Abstand zwischen den einzelnen Formen und dem Papierrand. Zu schmale Papierstege und Ränder führen dazu, daß du später ungewollt mit der Farbe in eine andere Form oder über den Rand malst. Versuche, eigene Schablonen herzustellen. Wenn du dich allerdings noch nicht ganz traust, verwende am besten eine Vorlage von Seite 47.

2. Schneide die aufgezeichnete Schablone sorgfältig aus. Bügle den Faltrand glatt. Ebenso solltest du das Geschirrtuch oder deinen ausgewählten Druckstoff bügeln. Breite eine Zeitung aus und lege ein Stoffstück für einen Probedruck glatt darauf. Stelle dir die Farben bereit und lege einige Küchentücher dazu. Stoffarben lassen sich leider nicht mehr vollständig von der Kleidung entfernen. Binde dir deshalb beim Drucken immer eine Schürze um oder ziehe dir ein altes Hemd über.

3. Befestige die Schablone mit zwei Stecknadeln auf dem Stoff. Für den Schablonendruck eignen sich am besten Schablonierpinsel. Diese haben gerade geschnittene Pinselhaare. Es können auch kleine Schwammstückchen verwendet werden. Gieße etwas Farbe in kleine Schälchen, tupfe mit dem Pinsel in die Farbe. Drücke überschüssige Farbe auf einer Zeitung ab.

SCHÖNES FÜR DIE FRÜHLINGS- UND OSTERZEIT

Eine schöne Idee: bedruckte Karten für die Ostergrüße.

Jetzt hältst du den Pinsel immer gerade über die Schablone und tupfst die Farbe auf. Du darfst die Farbe aber nicht aufstreichen, weil du mit dem Pinsel unter die Schablone rutschen könntest. Nimm deshalb einen neuen Pinsel oder Schwamm, tauche ihn in eine andere Farbe und drucke weiter.

4. Nimm jetzt die Schablone vorsichtig ab und überprüfe deinen Probedruck. Ist die Farbe unter die Ränder geflossen, war eindeutig zuviel Farbe am Pinsel. Streife das nächste Mal den Pinsel an einer Zeitung besser ab. Stiele zwischen den einzelnen Blättern lassen sich ganz leicht mit einem dünnen Malkastenpinsel oder einem Stoffmalstift einzeichnen.

5. Verteile die verschiedenen Druckschablonen dann auf dem Geschirrtuch und stecke sie fest. Beginne von oben nach unten zu drucken. Stehen Teile der Papierschablone ab, drücke sie während des Farbauftrags mit einem Holzstäbchen auf den Stoff. Decke die Fläche, auf der noch nicht gedruckt ist, mit Zeitungen ab, damit keine Farbe darauf tropft. Sollte doch einmal ein Farbklecks über den Rand der Schablone geraten, druckst du später einen Schmetterling oder Käfer darauf.

6. Nimm nach etwa zehn Minuten Trockenzeit die Druckschablonen ab. Wenn diese getrocknet sind, können sie für weitere Drucke verwendet werden. Für Zwischenräume eignen sich auch kleinere Blumenschablonen oder auch Gras. Weil die Grasschablone mehrmals gebraucht wird, schneidet man diese aus einem Kartonstreifen: In den Karton unterschiedliche Grasspitzen schneiden und die unteren Öffnungen mit zwei Klebestreifen zukleben. Jetzt kann die Schablone beliebig aufgelegt werden.

7. Laß die Drucke einen ganzen Tag lang trocknen. Bügle dann die Farbe auf der Rückseite des Deckchens fünf Minuten mit der Bügeleinstellung Baumwolle ein.

Ideen fürs Gestalten:

Bei den kleinen Käfern und Schmetterlingen malt man die Punkte mit einem Stoffmalstift oder einem feinen Pinsel auf. Für helle Stoffe genügen einfache Stoffmalfarben. Alle farbigen und dunklen Stoffe bedruckt man mit Stoffdeckfarben. Diese Farben sind dickflüssiger und kommen auf solchen Stoffen besser zur Geltung. So läßt sich spielend ein neues Bettuch als große Tischdecke bedrucken.

Am besten ist es, wenn ihr euch gegenseitig helft. Jeder entwirft seine Blumenschablone und druckt sie zwei- bis dreimal auf die Decke. Genauso kannst du Taschentücher, Servietten, Kissen, Vorhänge und T-Shirts bedrucken. Verwende bei den grünen Druckfarben keine grellen Töne. Ein helles Olivgrün eignet sich am besten.

Will man die Schablonen für spätere Drucke aufheben, sollten sie aus einer Sichthülle geschnitten werden. Bei solchen Plastikschablonen ist allerdings die Gefahr größer, daß Farbe unter die Ränder fließt. Diese Formen müssen besonders gut auf dem Stoff aufliegen und immer wieder abgewischt werden.

Ganz toll wirken bedruckte Karten für Frühlings- und Ostergrüße. Schneide dafür deine Probedrucke zurecht und klebe sie auf Doppelkarten. Man kann auch direkt auf Karten oder Briefpapier drucken.

Für kleinere Kinder eignen sich Faltschnittmuster, die mit einer Farbe und einem Schwamm aufgedruckt werden. Einfache Blumenköpfe, bunt über den Stoff verstreut, wirken besonders lustig. Nach Wunsch die Blätter und das Blüteninnere mit Stoffmalstiften aufmalen. Dekorativ wirken auch Schmetterlinge. Diese flattern beliebig verteilt auf einer Decke oder schmücken den Rand eines Vorhangs.

SCHÖNES FÜR DIE FRÜHLINGS- UND OSTERZEIT

SCHÖNES FÜR DIE FRÜHLINGS- UND OSTERZEIT

Modellierter Osterschmuck

Diese Anhänger aus lufttrocknender Modelliermasse wirken wie aus Ton geformt.

Das Formen und reliefartige Gestalten fordert von den Kindern verhältnismäßig kurze Konzentrationsphasen, nach denen sie stets konkrete Ergebnisse vorzeigen können.

So wird's gemacht:

Decke deinen Arbeitsplatz mit Zeitung ab. Lege darauf ein altes Küchenbrettchen. Rolle ein Stück Modelliermasse mit dem Wellholz 3 mm dick aus. Achte auf eine gleichmäßige Stärke. Während des Auswellens die Masse mehrmals wenden. Klopfe mit den Handflächen auf die ausgewellte Platte, damit Luftblasen aufplatzen. Danach nochmals glatt rollen.

Die restliche Modelliermasse wieder in eine Tüte wickeln, damit sie nicht austrocknet. Sollte die Masse dennoch zu fest sein, pinsele sie mit etwas Wasser an. Sie wird so weicher.

Verzierte Eier

1. Übertrage die Vorlage von Seite 83 für die Eiergrößen auf Karton. Schneide nun die Umrisse sorgfältig aus.
2. Lege die Eierschablonen auf die ausgewellte Modelliermasse und schneide dann die äußeren Ränder aus.
3. Stich in jede Eispitze oben ein Loch zum Aufhängen. Streiche die Ränder glatt. Lege zum Verzieren alle Eier auf eine feste Unterlage. Anschließend sollten die Anhänger vier bis fünf Tage trocknen. Wende sie dabei in regelmäßigen Abständen und beschwere sie beispielsweise mit einem Kuchengitter, weil sich ansonsten die Ränder leicht nach oben biegen.

4. Nach dem Trocknen können die Eier bemalt werden. Es reicht, wenn man wenige Teile farblich hervorhebt. Der Untergrund sollte noch die tonähnliche Farbe behalten. Die Rückseite kann einfarbig bemalt werden. Es sollte möglichst eine Farbe sein, die bereits auf der Vorderseite vorkommt.

Für die Aufhängung ein schmales Bändchen doppelt legen und mit der Schlaufe durch das Loch fädeln. Durch die Schlaufe die beiden Bandenden ziehen.

Hänge die Eier an einen Osterstrauß oder schmücke damit eine Zimmerpflanze mit relativ starken Zweigen oder verschenke einen Ostergruß auf einer Schrifttafel. Beschrifte dafür das Ei und lege es zwischen gekochte Eier in ein Nest.

So verzierst du:

Ritze mit dem Messerrücken oder dem Holzstäbchen Muster in das Ei. Punkte und Kreise drückt man mit Stiften ein. Dazwischen können kleine gedrehte Kügelchen oder Röllchen aus Modelliermasse gesetzt werden. Die Stellen, auf die diese kleinen Teile aufgesetzt werden, mit Wasser bestreichen.

Eine andere Verzierungsmöglichkeit sind Tierformen. Rolle eine Schnecke, drücke einen kleinen Dinosaurier, ein Krokodil oder einen kleinen Hasen auf das Ei. Vorher den Untergrund gut befeuchten und die Teile leicht andrücken. Jetzt das Ei und das kleine Tierchen noch mit kleinen Punkten und Strichen verzieren.

Du brauchst:
lufttrocknende, tonartige Modelliermasse, etwa 500 g in Rotbraun
Brettunterlage
Well- oder Rundholz
Ausstechförmchen
Küchenmesser
Holzspieße
Flachpinsel
Wasserschale
Papier
Bleistift
Holz- oder Pappunterlage zum Trocknen
Plakafarben
Pinsel
Klarlack auf Wasserbasis
Bändchen zum Aufhängen

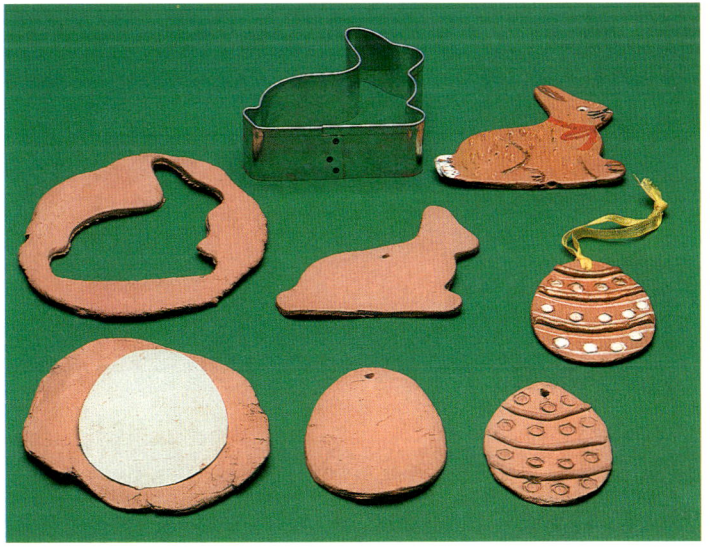

Welle die Modelliermasse wie einen Plätzchenteig aus. Die Figuren mit Förmchen ausstechen oder nach den Vorlagen auf Seite 51 ausschneiden. Ritze Verzierungen ein und bemale die Figuren nach dem Trocknen.
Du kannst die Figuren auch auf Holzstäbchen stecken. Dafür die Modelliermasse ½ cm dick auswellen.

SCHÖNES FÜR DIE FRÜHLINGS- UND OSTERZEIT

In die noch weichen Figuren kannst du Augen, Flügel, Füße und Pfoten einritzen. Wenn die Teile getrocknet sind, bemalt man sie. Die Hühnchen weiß und gelb tönen, oder die rotbraune Farbe belassen und nur Flügel, Kamm und Schnabel bunt bemalen. Den Hasen kann man eine Halsschleife aufmalen oder umbinden. Nach dem Bemalen können die Anhänger lackiert werden.

Modellierte Figuren

1. Mit den Ausstechförmchen genau wie beim Plätzchenbacken die Figuren ausstechen. Hebe den Anhänger dann vorsichtig vom Brett ab und streiche anschließend den Rand mit einem feuchten Pinsel glatt. Jetzt braucht die Figur noch ein kleines Loch zum Aufhängen. Damit du die Mitte findest, nimm den Anhänger am oberen Ende locker zwischen Daumen und Zeigefinger. An der Stelle, wo er gerade zwischen den Fingern hängt, stichst du mit einem Holzspieß vorsichtig das Loch für die Aufhängung.

2. Natürlich kannst du auch eigene Figuren auf die ausgewellte Modelliermasse ritzen. Zeichne dein Motiv oder eine Vorlage aus dem Buch auf Seite 51 auf ein Stück Papier. Lege die Zeichnung auf die Modelliermasse und drücke mit dem Messerrücken oder Bleistift die Linien durch. Anschließend den äußeren Rand mit dem Messer ausschneiden.

3. Jetzt können alle Figuren verziert werden. Anschließend müssen die Anhänger vier bis fünf Tage trocknen. Dann können sie bemalt werden.

Die Anhänger aus lufttrocknender Modelliermasse werden mit bunten Bändchen am Osterstrauß befestigt.

SCHÖNES FÜR DIE FRÜHLINGS- UND OSTERZEIT

Eierkerzen selbst gegossen

Eierschalen bilden die Form für diese stimmungsvollen Osterkerzen.

Kleine Kinder sollten die Kerzen nur mit Erwachsenen gießen. Die Herstellungstechnik mit zunächst flüssigem und später festem Wachs fasziniert Kinder immer wieder.

Du brauchst:
leere Eierschalen, an der Spitze aufgebrochen
Eierkarton
viele Kerzenreste
dünne Dochte
Salatöl
Blechdosen
Teelöffel
Topflappen
Holzstäbchen
Schere
Wäscheklammer

zur Verzierung:
Plattenwachs
Küchenmesser

Beachte: Wachs nicht überhitzen, sonst qualmt es und färbt sich braun. Die heißen Blechdosen sollte man nur mit Topflappen anfassen!

Flüssiges Wachs wird in Eierschalen gegossen. Zuvor in die Schalen einige Tropfen Öl geben, weil sich der untere Teil dann leichter schälen läßt. Sobald das Wachs etwas fester ist, ein gewachstes Dochtstück einstecken. Am nächsten Tag die Eierschale abschälen. Wenn sie sich schwer löst, das Ei am Docht 20 Sekunden in siedendes Wasser halten.

So wird's gemacht:

1. Die rohen Eier am spitzen Ende aufbrechen. Das Innere herausschütten und die Schale innen trocknen lassen. Im aufgeheizten Backofen trocknen die Eierschalen schneller. Jedoch nicht höher als 50°C einstellen. Auf jeden Fall sollte man die Schale vorsichtig anfassen, denn sie kann heiß sein.

2. Gib die Wachsreste farblich sortiert in Blechdosen. Die Dosen auf eine Herdplatte stellen. Stufe 1 einschalten und das Wachs langsam schmelzen lassen. Die Kerzenreste schmelzen

SCHÖNES FÜR DIE FRÜHLINGS- UND OSTERZEIT

auch langsam auf einem Stövchen mit angezündetem Teelicht. Die Wachsreste durchgefärbter Kerzen ergeben wesentlich kräftigere Farben als Kerzen, die innen weiß sind. Beide Kerzenarten kannst du beim Einschmelzen auch mischen.

3. Die getrockneten Eierschalen in einen Eierkarton stellen. Einen Teelöffel Salatöl in jede Schale geben. Die Eierschale löst sich dadurch leichter vom Wachs.

4. Befestige eine Wäscheklammer an einem Ende der Dochtschnur. Die Klammer festhalten und den Docht kurz in das flüssige Wachs tauchen. Einige Sekunden abkühlen lassen. Ziehe jetzt den Docht gerade. Diesen gestreckten Docht kann man später leichter in die noch weiche Kerze schieben.

5. Nimm die Blechdose mit einem Topflappen in die Hand. Gieße das flüssige Wachs in die Eierschalen. Nach etwa einer halben Stunde ist das Wachs soweit erstarrt, daß ein Stück Docht in die Mitte gesteckt werden kann.

Der Docht muß ganz durch das Wachs gehen. Schiebe mit einem Holzstäbchen etwas nach.

Beim Abkühlen zieht sich das Wachs zusammen und kann eine Grube um den Docht bilden. Diese Mulde solltest du nachträglich mit farblich passendem Wachs auffüllen.

6. Am nächsten Tag kannst du die Eierschalen einfach abschälen. Falls sich die Schale nicht löst, halte die Kerze am Docht in siedendes Wasser. Zähle dabei bis 20. Nimm die Kerze aus dem Wasser und entferne die Schale. Wenn Teile der Kerze sich immer noch nicht lösen, halte die Kerze nochmals ins Wasser.

Anschließend den Docht kürzen, und fertig sind die neuen Eierkerzen.

Einen edlen Glanz erhalten die Kerzen, wenn du sie kurz in siedendes Wasser hältst und anschließend gleich in kaltes Wasser tauchst. Der Docht sollte dabei nach Möglichkeit allerdings nicht naß werden.

So verzierst du:

Ein Ei erhält bunte Streifen, wenn man verschiedene Wachsfarben in die Eierschale gießt. Dazu eine erste Wachsschicht von 3 cm in die Kerze gießen. Jetzt mußt du 10–15 Minuten Geduld haben, bis diese Schicht leicht erstarrt ist. Anschließend wird die zweite Schicht in einer anderen Farbe darübergegossen. Diese ebenfalls etwas fest werden lassen. Gieße so viele Wachsschichten aufeinander, bis die Eierschale voll ist. Für eine Duftkerze gibst du in das geschmolzene Wachs noch einige Tropfen Duftöl. Übrigens: Im Kühlschrank wird das Wachs schneller fest. Allerdings sollte es immer noch so beschaffen sein, daß der Docht durchgebohrt werden kann. Einfarbige Kerzen können mit Plattenwachs auch von kleineren Kindern ganz leicht verziert werden.

Einfarbige Kerzen können mit Plattenwachs bunt verziert werden. Das geht ganz einfach. Dazu muß man die Wachsteile einfach von der Platte abschneiden und dann auf die Kerze drücken.

SCHÖNES FÜR DIE FRÜHLINGS- UND OSTERZEIT

SCHÖNES FÜR DIE FRÜHLINGS- UND OSTERZEIT

Stabfiguren aus Sperrholz

Ein wunderschöner Schmuck für den Garten.

So wird's gemacht:

1. Übertrage eine der Vorlagen von Seite 57–61 für die gewünschte Figur mit Butterbrot- oder Schneiderkopierpapier auf die Sperrholzplatte.

2. Spanne das Sägeblatt so in die Laubsäge ein, daß die Zähne in die andere Richtung als der Bogen zeigen. Diese Arbeit macht ihr am besten zu zweit. Einer drückt den Laubsägebogen zusammen, und der andere legt das Sägeblatt zwischen die Halterung. Beachte: Die Zähne des Sägeblattes zeigen immer zum Griff. Mit einem Laubsägenschlüssel kann man die Flügelschrauben am leichtesten zudrehen und wieder öffnen. Verwende keine runden Sägeblätter, denn diese sägen sehr grobe Kanten. Befestige das Sägetischchen an einer Arbeitsplatte, und dann kann's losgehen.

3. Beginne langsam und ohne Druck zu sägen. Das Sägeblatt steht immer senkrecht zum Sperrholz. Halte den Sägebogen in einer Linie mit deinem Unterarm. Bei Spitzen und Ecken mehrmals an der gleichen Stelle sägen. So kann die Säge leichter in die neue Richtung gewendet werden. Drehe aber dazu immer nur das Holz, nie die Säge. Andernfalls könnte das Sägeblatt klemmen und abreißen. Etwas Seife auf das Blatt gestrichen – und schon geht's leichter.

4. Ränder und Oberflächen der ausgesägten Figur mit Schleifpapier glätten. Verwende zuerst ein Schleifpapier mit einer gröberen und anschließend eines mit einer feineren Körnung. Die Sperrholzkanten zu einer leich-

Beim Sägen, Schleifen und Bemalen sammeln die Kinder Erfahrungen mit dem Material Holz. Kleinere Kinder können beim Schleifen helfen oder die Figuren aus Karton herstellen.

Du brauchst:
für zwei Figuren:
eine Sperrholzplatte, 31x42 cm und 0,4 mm dick
Kopierpapier
Bleistift
Laubsäge
Sägeblatt mit Zacken
Sägetischchen
Schleifpapier mit der Körnung 80–240
Plakafarben
breite und dünne Pinsel
schwarzen Buntstift
Vierkantleisten, 0,5x0,5 cm oder ähnliche, etwa 1 m lang
schnelltrocknenden Holzleim
wasserlöslicher Mattlack, farblos
passende Bändchen

Diese Tiere werden aus Sperrholz ausgesägt und bemalt. Häufig steckt man solche Figuren auf einem Holzstab in den Garten oder auf den Balkon. Als Zimmer- und Fensterschmuck können diese Tiere auch aus Karton hergestellt werden.

SCHÖNES FÜR DIE FRÜHLINGS- UND OSTERZEIT

Das Bemalen ist überhaupt nicht schwer. Färbe zuerst das ganze Tier in einem Grundton. Nach dem Trocknen Augen, Federn oder Fell aufmalen.

Das Sägeblatt steht immer senkrecht zum Holz. Das Sperrholz wird gedreht, nicht das Sägeblatt. Säge langsam und ohne Druck.

ten Rundung schleifen. Auch die Kanten in den Winkeln mit einem geknickten Schleifpapier glätten. Befühle die Kanten, ob sie auch wirklich glatt sind. Die Tierformen gut entstauben.

5. Bemale die Figuren mit Plakafarben. Dazu die Tiere zuerst in einer Farbe einstreichen, beispielsweise die Henne weiß und den Frosch grün grundieren. Bemale zunächst eine Seite, laß diese trocknen und bestreiche ebenso die Rückseite mit einer Farbe.

6. Lege die abgezeichnete Schablone auf die Figur und zeichne oder drücke die Innenlinien durch. Natürlich kannst du diese Teile auch ohne Vorlage aufzeichnen. Jetzt die Vorderseite des Tieres bemalen.

7. Ein etwa 7 cm langes Stück der Vierkantleiste an einer Seite mit Holzleim bestreichen. Dieses Stück im der Mitte auf die Figurrückseite kleben. Wenn du willst, streiche den Holzstab noch farbig an.

8. Nach dem Trocknen können die Figuren mit wasserlöslichem Mattlack überzogen werden. Achte auf die Umweltfreundlichkeit des Lackes.

Ideen fürs Gestalten:

Das Bemalen dieser Figuren ist sehr leicht. Die Augen können mit einer schwarz bestrichenen Stiftrückseite aufgestempelt werden. Ein zusätzlicher weißer Punkt im Inneren des Auges läßt es lebendiger wirken. Dazu tupft man mit der Spitze eines Holzspießes wenig weiße Farbe auf. Die Federn bei Hahn und Huhn sind mit kleinen Pinselklecksen aufgetupft. Zusätzlich können noch die Flügel aufgemalt werden. Für Schnabel, Kamm und Gras wird die Grundfarbe einfach übermalt. Bei Frosch und Schmetterling bilden aufgedruckte Korken die Verzierung.

Die Hasenpfoten lassen sich auch mit einem dicken Buntstift einzeichnen. Wenn die Figuren von beiden Seiten betrachtet werden, die Rückseiten ebenso bemalen.

Die Figuren aus Sperrholz können im Kinderzimmer hängen oder aber als Türschild Verwendung finden.

Besonders hübsch wirken diese Figuren vor allem als Geschenk zur Osterzeit, wenn darunter ein Strauß aus Buchs oder Weidenkätzchen mit einer passenden Schleife gebunden wird.

Kleinere Kinder, die noch nicht mit der Laubsäge umgehen können, schneiden diese Tiere aus Karton. Die Bemalung bleibt dabei die gleiche. Solche Figuren eignen sich auch gut als Fensterschmuck.

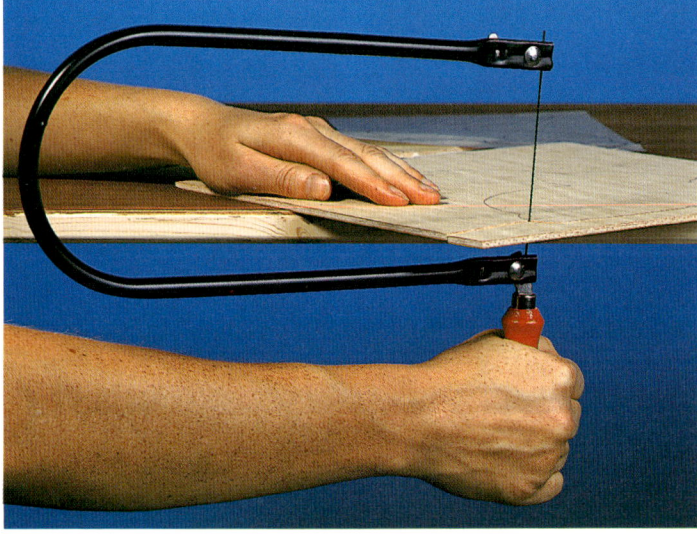

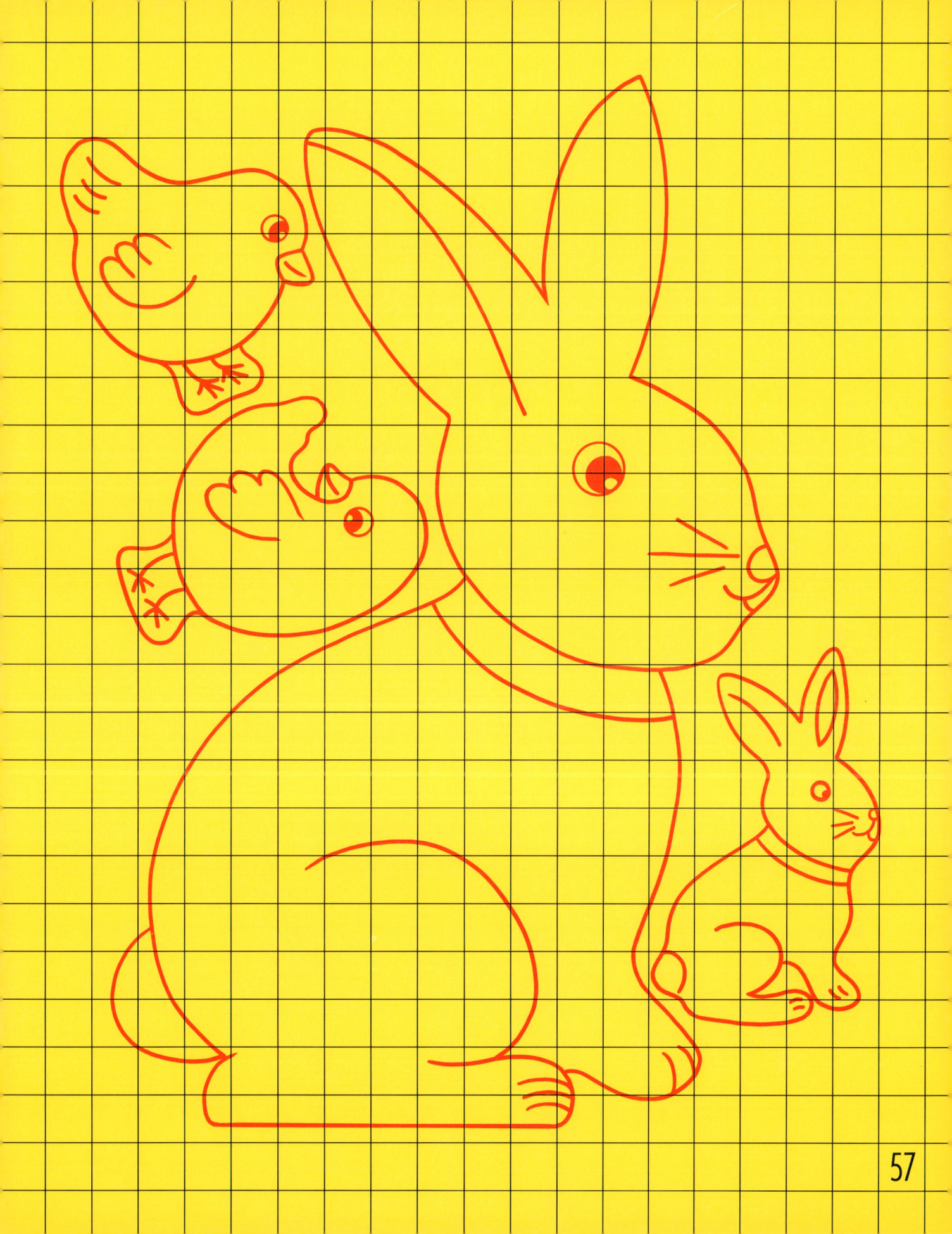

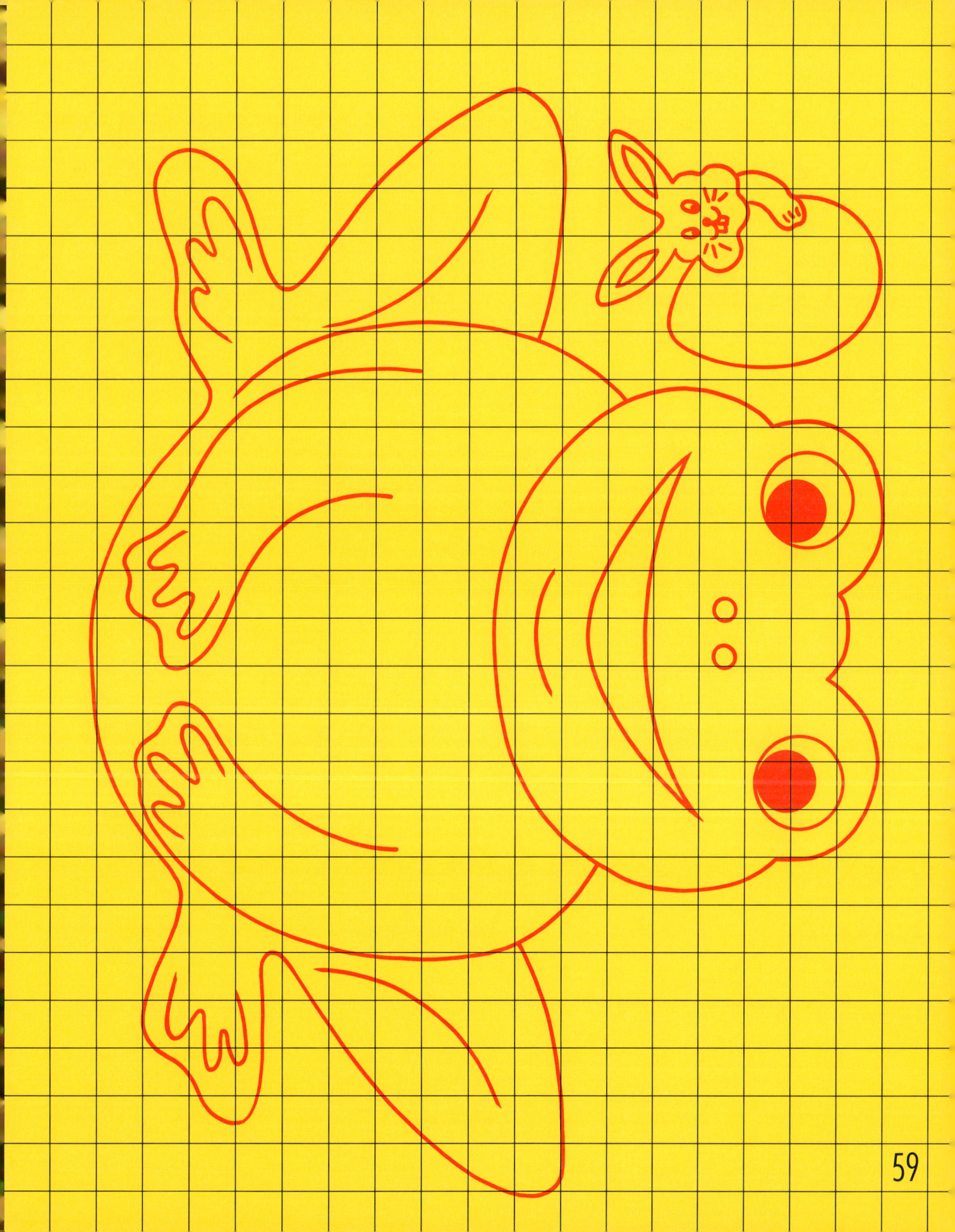

SCHÖNES FÜR DIE FRÜHLINGS- UND OSTERZEIT

Sticker für jede Gelegenheit

Diese topaktuellen Sticker aus Sperrholz oder Karton sind ideal zum Verschenken.

Bei diesen Stickern kann der Wert des Selbstgebastelten im Vergleich zum Gekauften herausgestellt werden. Für kleinere Kinder einfache Formen wählen und aus Karton ausschneiden. Die Bemalung kann den Sticker als Geschenk gestalten oder sich nach den typischen Verhaltensmerkmalen der Figur richten.

Du brauchst:
helle Sperrholzreste, 0,4 mm dick
Bleistift
Kopierpapier
Laubsäge
Sägeblätter für Feinschnitt mit Zacken
Sägetischchen
feines Schleifpapier
Plakafarben
Buntstifte
wasserlöslichen Mattlack
Anstecknadeln, 3 cm lang
Kraftkleber

Die Form der Figur kannst du einfach ausschneiden oder aussägen, bemalen und lackieren. Zuletzt auf der Rückseite noch eine Anstecknadel aufkleben. Beim Ankleben der Anstecknadel auf folgendes achten: Wenn der Sticker angesteckt wird, muß der Verschluß auf der linken Seite liegen. Nur so kann die Nadel später mühelos mit der rechten Hand verschlossen werden.

So wird's gemacht:

1. Eine der Vorlagen von Seite 57–61 auf Butterbrot- oder Schneiderkopierpapier abzeich-

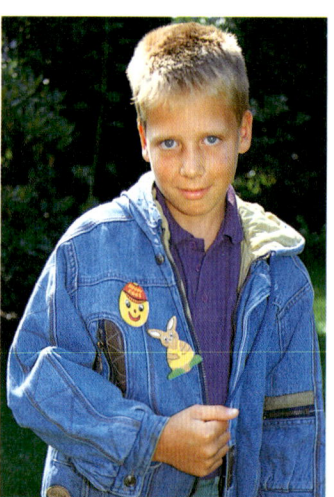

nen und auf das Sperrholz übertragen. Einfache Formen, wie die Eier, auf Karton zeichnen, damit sie öfters als Schablone dienen können.
2. Säge die kleinen Figuren mit der Laubsäge aus. Bei Ecken sägst du mehrmals an der gleichen Stelle. Dadurch läßt sich das Holz leichter in die neue Richtung drehen. Die Säge nicht kippen, sonst reißt das Sägeblatt.
3. Die Sperrholzkanten mit feinem Schleifpapier glatt schleifen. Anschließend die Oberfläche abschleifen.
4. Bemale die Sticker zuerst in der Grundfarbe. Die Kanten nicht vergessen. Für die Augen einen weißen Punkt auftupfen, darauf das Augeninnere malen. Feine Linien können auch mit Filz- oder Buntstift aufgemalt werden.

5. Sobald die Farbe getrocknet ist, die Figuren zügig mit Mattlack überpinseln.
6. Auf der Stickerrückseite eine Anstecknadel ankleben, dabei unbedingt die Richtung beachten. Wenn du den Sticker ansteckst, muß der Verschluß auf der linken Seite sein.
Ist die Anstecknadel richtig plaziert, bestreiche diese Stelle auf der Stickerrückseite mit Kraftkleber und drücke die Anstecknadel darauf.

So verzierst du:

Die Eierformen können auch mit witzigen Sprüchen beschrieben werden. Wenn es schnell gehen soll, säge oder schneide runde Sticker. Wer nicht malen will, beklebt die Sticker mit kleinen Ausschnitten aus Zeitschriften. Überlackieren, und fertig ist der fetzige Anstecker.
Klebe statt einer Anstecknadel einen Ohrclip an, ziehe ein Lederband durch den Clip, und schon erhält man einen lustigen Halsschmuck.
Statt eines Ansteckers können diese Formen zum Beispiel auch auf eine einfache Haarspange geklebt werden.
Entwirf auch eigene Formen für solche Sticker. Dann gibt es niemanden, der den gleichen Anstecker hat wie du. Die Eiformen und Küken lassen sich auch aus festem Karton ausschneiden. Sie können wie die Sticker aus Sperrholz verarbeitet werden.

SCHÖNES FÜR DIE FRÜHLINGS- UND OSTERZEIT

Diese Sticker sind schnell gebastelt. Aus Sperrholz oder Karton läßt sich so ein ganz persönliches Geschenk für deine Freunde herstellen.

Mehr über den richtigen Umgang mit der Laubsäge steht auf den Seiten 55 und 56 bei den Stabfiguren. Vorlagen für die Stikker findest du auf den Seiten 57–61 bei den großen Schablonen für die Stabfiguren.

SCHÖNES FÜR DIE FRÜHLINGS- UND OSTERZEIT

Beim Sägen und Schleifen üben die Kinder den sachgemäßen Umgang mit Werkzeugen und dem Material Holz. Farb- und Formverständnis wird angesprochen und entwickelt.

Du brauchst:
helle Sperrholzplatte, 31 x 42 cm groß und 0,4 mm dick
Kopier- oder Butterbrotpapier
Bleistift
Laubsäge
Sägeblätter für Feinschnitt mit Zacken
Schleifpapier mit der Körnung 80–240
Plakafarben
breite und dünne Pinsel
Buntstifte
Handbohrer
dünnes Band zum Aufhängen

für die Aufhänger:
Balsaholz, etwa 1 cm dick
Haken, 20 mm lang
Bilderhaken
Hammer

Diese Anhänger werden aus Sperrholz, Balsaholz oder Karton ausgeschnitten. Das Bemalen bleibt ganz der eigenen Fantasie überlassen. Auch kleinere Kinder können beim Schleifen und Bemalen durchaus mithelfen.

SCHÖNES FÜR DIE FRÜHLINGS- UND OSTERZEIT

Anhänger aus Sperrholz

Ein Osterschmuck, der sich vielseitig verwenden läßt. Beim Basteln können alle mithelfen.

So wird's gemacht:

1. Übertrage die Vorlagen von Seite 66 und 67 mit Butterbrot- oder Schneiderkopierpapier auf die Sperrholzplatte.
2. Bereite dir einen Arbeitsplatz zum Sägen vor. Schraube den Sägetisch an. Spanne das Sägeblatt mit den Zacken nach unten zum Griff ein. Lies dir die Handhabung der Laubsäge bei den Stabfiguren auf den Seiten 55 und 56 durch. Säge langsam und ohne Druck. Halte den Sägebogen immer in gerader Linie zu deinem Unterarm. Nicht schräg kippen und drehen, sonst klemmt und reißt das Sägeblatt.
3. Schleife die Ränder und die Oberfläche der ausgesägten Figuren glatt. Zuerst ein Schleifpapier mit einer gröberen Körnung verwenden. Am Schluß mit einem feinen Schleifpapier glätten. Die Winkel mit einem geknickten Stück Schleifpapier säubern. Vor dem anschließenden Bemalen die Figuren gründlich entstauben.
4. Bemale die Anhänger zuerst in einer Grundfarbe. Nach dem Trocknen zusätzliche Teile wie Gras, Wasser, Schnabel, Kamm oder Federn aufmalen. Die Augen und Flügel können mit Buntstiften eingezeichnet werden. Bei den Hasen und Hühnern zwei weiße Punkte als Augen aufmalen und mit dunkler Farbe oder mit Stiften fertig zeichnen. Wenn du die inneren Linien der Figuren nicht frei aufmalen kannst, lege dir nochmals die Vorlage auf und drücke diese Details mit Bleistift durch. Jetzt können die Figuren noch mit Lack überzogen werden.
5. Nochmals die Vorlage auf die Figur legen und den Punkt für die Aufhängung durchdrücken. Lege ein altes Brett unter die Figur und bohre das Loch zum Aufhängen. Ein Band durchfädeln, und der Osterschmuck kann an einen Strauch oder einen Baum gehängt werden.

Lies dir den richtigen Umgang mit der Laubsäge auf den Seiten 55 und 56 bei den Stabfiguren noch einmal durch.

Ideen fürs Gestalten:

Diese österlichen Figuren können auch aus Karton ausgeschnitten werden. Hübsch wirken dann auch aufgeklebte Ton- und Buntpapierschnipsel.
Die Figuren eignen sich auch als kleine Stabfiguren für einen Osterstrauß oder als Fensterschmuck. Dazu klebt man mit Holzleim ein Stäbchen auf die Rückseite.
Wer die netten Anhänger nicht nur zur Osterzeit auspacken will, kann sie als Mobile oder Wandschmuck auch ins Kinderzimmer hängen.

Für diese praktischen Aufhänger eine Vorlage auf Balsaholz aufzeichnen, aussägen und besonders gründlich glattschleifen. Wie den Osterschmuck bemalen und lackieren. Nagle auf der Rückseite oben in die Mitte einen Bilderhaken. Vorne in den unteren Teil der Figur ein bis zwei Haken fest eindrehen.

SCHÖNES FÜR DIE FRÜHLINGS- UND OSTERZEIT

Du brauchst:
messing- und kupferfarbene Alufolie, 0,15 mm stark
bei Verwendung von echter Kupferfolie außerdem Zaponlack
Schere
Zeitungsunterlage
Klebestreifen
Pergamentpapier
Bleistift
leeren Kugelschreiber oder Plastikstricknadel
Holzspieße
Kraftkleber
Stäbe oder Vierkantleisten mit etwa 0,5 cm Durchmesser

Die Vorlagen für den Schmetterling sind auf der Seite 79 zu finden. Auch die Vorlagen für die Stabfiguren auf den Seiten 57–61 eignen sich für diese Prägearbeit.

SCHÖNES FÜR DIE FRÜHLINGS- UND OSTERZEIT

Die Sonne geht auf!

Figuren aus Metallfolie sind ein toller, glitzernder Frühlingsschmuck.

Die Technik des Metallprägens wird durch flächiges und lineares Gestalten von Mustern erprobt. Die Figuren sollten im Hinblick auf das Material eine einfache Form aufweisen. Diese Bedingung müssen Kinder bei eigenen Entwürfen berücksichtigen.

Damit du ein Gefühl für das Metalldrücken bekommst, probiere zuerst an einem Reststück einige Muster aus.

So wird's gemacht:

1. Die Vorlagen von Seite 70 und 71 auf Pergamentpapier übertragen oder mit Schneiderkopierpapier abpausen. Selbstverständlich kannst du auch eigene Zeichnungen verwenden. Mit zwei Klebestreifen die Vorlage aus Papier platzsparend auf der Metallfolie ankleben.
2. Jetzt das Muster und die Linien durchdrücken. Dieses Metalldrücken heißt auch Prägen. Die Folie auf eine dicke Zeitungsunterlage legen. Für kleinere Gegenstände eignen sich auch Bierdeckel. Präge mit einem leeren Kugelschreiber oder einem ähnlichen Gegenstand die aufgezeichneten Linien durch. Das Papier abnehmen und, wenn nötig, zusätzliche Punkte und Striche eindrücken.
3. Die geprägten Linien kommen noch besser zur Geltung, wenn sie auf der Rückseite nachgezogen werden. Für dieses Gegenprägen die Folie wenden. Mit einem Holzstäbchen direkt neben den geprägten Linien die Formen nachziehen.
4. Schneide die Figur zuerst grob und dann fein aus. Bei der Sonne schneidet man einen Kreis um die Strahlen. Anschließend werden die Zacken herausgeschnitten.
5. Die Form mit einem Holzstäbchen glattstreichen. Auf der Rückseite bis zur Mitte der Figur ein Holzstäbchen ankleben. Verwende dazu einen Kraftkleber und laß diesen vollständig trocknen, bevor du die Sonne aufstellst. Vorsicht, mit dem Klebstoff nicht die Vorderseite berühren! Auf farbbeschichteter Alufolie verwischt sonst die Farbe.

So verzierst du:

Viele Tiervorlagen aus dem Buch eignen sich für das Metalldrücken. Wichtig ist immer, daß die Formen keine zu stark abstehenden Teile haben. Sie sollten leicht auszuschneiden sein. Es gibt eine farbbeschichtete Alufolie und eine echte Kupferfolie zu kaufen. Die echte Kupferfolie muß zum Schluß mit Metallack geschützt werden
Die kleinen Sonnen sind schnell geprägt und wirken im Blumentopf besonders dekorativ.
Auch Wetterhähne sind wieder groß in Mode. Auf der Rückseite ein Stück Trinkhalm als Hülse ankleben. Oben in eine Holzleiste einen Nagelstift klopfen lassen und den Hahn auf den Stift stecken. Durch die Hülse dreht er sich in alle Himmelsrichtungen. Auf Metallfolienecken „Nord", „Süd", „Ost", „West" oder nur die Anfangsbuchstaben drücken. Mit Hilfe einer Karte oder eines Kompasses die Himmelsrichtungen unten am Stab anordnen und befestigen. Jetzt kann der Wetterhahn durch seine Drehbewegung die Windrichtung angeben. Wem das zu aufwendig ist, der klebt den Hahn als Schmuckstück einfach an einen Holzstab.
Die Figuren erhalten mehr Stabilität, wenn du zwei gleiche Formen mit dem Stab in der Mitte zusammenklebst. Überstehende Ränder nachschneiden. Jetzt kann die Figur von allen Seiten bewundert werden.

Metallfolie hat scharfe Kanten, an denen man sich leicht verletzen kann. Streife mit einem Holzstäbchen am Rand der Folienkanten entlang, damit diese etwas entschärft werden. Eine Randmusterung mit senkrechten Strichen ist die beste Sicherung. Die Metallreste nie mit der Hand vom Tisch wischen. Spitze Abfälle sollte man immer mit dem Handbesen aufkehren.

Eine Papiervorlage der Sonne oder einer anderen Figur über die Metallfolie legen. Auf einer weichen Unterlage die Linien durchdrücken. Die Sonne zuerst in einer Kreisform ausschneiden und anschließend die Zacken dazwischen herauslösen. Auf der Rückseite ein Holzstäbchen ankleben.

SCHÖNES FÜR DIE FRÜHLINGS- UND OSTERZEIT

Falthasen und Falthühner

Grundlegende Falt- und Schneidetechniken werden erprobt. Die gefaltete Grundform läßt noch genügend Freiraum für die Ausgestaltung mit Buntpapier.

Es macht großen Spaß und ist ganz leicht, diese lustigen Hühner und Hasen zu falten.

Du brauchst:
Tonpapier
Locherpunkte
Watte
Untertasse
Eierbecher
evtl. Zirkel
Lineal
Schere
Klebstoff
Bleistift
schwarzen Filz- oder Buntstift

So wird's gemacht:

Hühner

1. Der Körper sollte einen Durchmesser von 14 cm haben und der Kopf 4 cm Durchmesser. Miß an einer Untertasse und an einer Eierbecheröffnung nach, ob die Maße passen.
Zeichne die Kreise zunächst mit Bleistift auf und schneide sie dann aus. Du kannst die Kreise auch mit einem Zirkel aufzeichnen. Laß dir dabei helfen.

2. Nach der Vorlage auf Seite 71 zeichnest du den Kamm, den Schnabel und die Flügel ab. Natürlich kannst du auch diese Teile frei ausschneiden.
3. Den Körper faltest du nach den abgebildeten Zeichnungen.
a) Den großen Kreis halbieren.
b) Den Halbkreis in der Mitte falten und wieder öffnen.
c) Das rechte und linke Kreisviertel von der oberen Kante aus zum Mittelbruch falten.
d) Die Kanten gut ausstreifen.
e) Den Kreis öffnen und die zwei gegenüberliegenden Viertel nach innen falten.
f) Anschließend die obere Spitze abschneiden.
4. Für den Kopf zwei kleine Kreise zusammenkleben. Solange der Klebstoff noch weich ist, Körper, Kamm und Schnabel dazwischenschieben. Augen und Flügel aufkleben.

Hasen

1. Für die Hasen gilt die gleiche Faltanleitung wie für die Hühner.

Für jede Figur braucht man einen großen und zwei kleine Kreise aus Tonpapier. Die große Scheibe zum Körper falten und den Kopf ankleben. Ohren oder Kamm, Schnabel und Federn zusätzlich aufkleben. Vorlagen dazu findet man auf der Seite 71.

SCHÖNES FÜR DIE FRÜHLINGS- UND OSTERZEIT

Nur empfiehlt sich hier ein etwas größerer Kopf. Schneide dir für den Hasenkopf zwei Kreise von 4,5 cm Durchmesser zu. Außerdem zwei Ohren ausschneiden. Lege das Papier dazu doppelt.

2. Klebe die zwei kleinen Kreise zusammen und schiebe die Ohren und den Körper dazwischen. Augenpunkte aufkleben, Schnauze und Pfoten aufmalen.

3. An den unteren Bogen des Körpers und den beiden Vorderkanten kannst du die Form der Hasenpfoten etwas herausschneiden.

So verzierst du:

Hübsch wirken weiße Hühner mit einem bunten Hahn. Diesen erkennt man natürlich an seinen farbenprächtigen Schwanzfedern. Bei den Hühnern eignen sich auch echte Federn für Flügel und Schwanz. Natürlich lassen sich die Figurengrößen je nach Wunsch verändern.

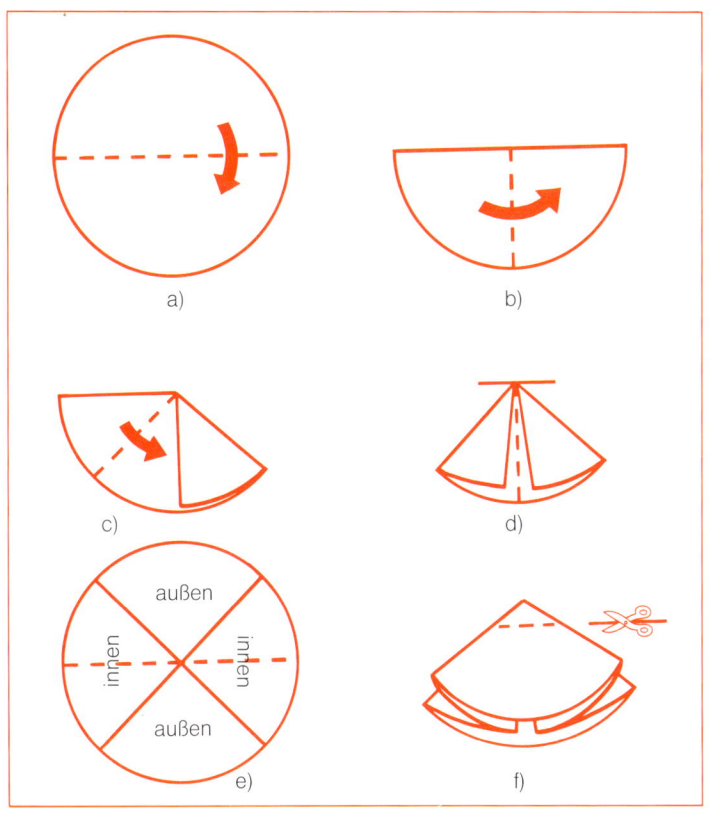

Bei den Hasen kann man unten und vorn noch etwas Tonpapier herausschneiden und Pfoten andeuten. Stelle die Hasen und Hühnchen auf den Ostertisch. Stecke eines als Geschenk mit in den Briefumschlag zu den Ostergrüßen. Beschrifte eine Seite als Tischkarte. Als besondere Überraschung versteckst du unter jeder Figur ein kleines Ei. Ein Versteck, das niemand so schnell entdecken kann!

73

SCHÖNES FÜR DIE FRÜHLINGS- UND OSTERZEIT

Osterküken aus Kreppapier

Das Schneiden von gleichmäßigen Streifen ist eine gute Übung für den präzisen, vorsichtigen und sachgerechten Umgang mit der Schere. Beim Aufrollen erproben die Kinder Verfahren zur Stabilitätsverbesserung von Papier.

Du brauchst:
Kreppapier
Tonpapierreste
kleine Federn
Locherpunkte
schwarzen Filz- oder Buntstift
Faden zum Aufhängen
Nadel

Für diese Küken 1,5 cm breite Kreppapierstreifen zuschneiden. Zwei unterschiedlich große Rollen drehen, zusammenkleben und schmücken.

Diese niedlichen Küken kannst du aufstellen oder aufhängen. Ein schneller Osterschmuck mit toller Wirkung.

So wird's gemacht:

1. Zuerst sollte man sich mehrere 1,5 cm breite Kreppapierstreifen zuschneiden.

2. Rolle einen Streifen zusammen. Das Papier dabei nicht dehnen. Auch nicht zu locker aufrollen, sonst fällt am Schluß die Mitte heraus.
Klebe den Streifen während des Rollens öfter fest. Wenn du einen neuen Papierstreifen ansetzt, klebe den Anfang auf jeden Fall fest. Die Körperrolle sollte dabei ungefähr so groß wie ein Fünfmarkstück werden. Das Ende gut verkleben.

3. Den Kopf genauso aufrollen. Hier genügt eine kleinere Rolle. Halte probeweise die zwei Rollen aufeinander und prüfe, ob dir die Größe gefällt.

4. Kopf und Körper zusammenkleben.

5. Inzwischen bereitest du aus Tonpapier den Schnabel, die Flügel und die Füße vor. Für den Schnabel ein kleines Viereck schneiden, etwa so breit wie das Küken. Das Papierstückchen zu einem Dreieck falten.
Die kleinen Flügelchen aus doppelt gefaltetem Papier zuschneiden. Die Formen erfindest du selbst. Sie sollten nicht zu groß sein, sonst verdecken sie den Körper.
Für die Füße schneidet man aus einem gefalteten Papier eine etwa 3–4 cm lange Herzform aus.

6. Klebe die Augen aus Locherpunkten an den Kopf des Kükens. Male in jedes Auge einen schwarzen Punkt. Den Schwanz und den Kopfschmuck bilden kleine Federn.

7. Jetzt noch Flügel, Füße und zum Schluß den Schnabel festkleben.

8. Für Küken, die an den Osterstrauß gehängt werden, zieht man mit der Nadel durch den Kopf einen Faden.

So verzierst du:

Bastle die Küken in vielen bunten Farben. Wenn du keine Federn hast, schneide den Schwanz aus Papier. Besonders lustig sieht solch ein Küken in einer halben Eierschale aus.

SCHÖNES FÜR DIE FRÜHLINGS- UND OSTERZEIT

Dieser hübsche Osterschmuck ist schnell gemacht. Du kannst die Küken in ein Osternest setzen oder am Osterstrauch befestigen.

SCHÖNES FÜR DIE FRÜHLINGS- UND OSTERZEIT

SCHÖNES FÜR DIE FRÜHLINGS- UND OSTERZEIT

Grashasen und Schmetterlinge

Über der Wiese tummeln sich bunte Schmetterlinge, und zwischen dem Gras spitzen Häschen hervor.

Die Gräser eignen sich auch für kleinere Kinder als erste Schneide- oder Reißarbeit. Die Hasen sind eine gute Übung für das Formenschneiden. Indem Kinder die typischen Merkmale einer Figur definieren müssen, wird das Formgefühl geschult.

So wird's gemacht:

Grashasen

1. Schneide aus hellem und dunkelgrünem Transparentpapier kurze und lange Gräser. Diese Gräserstreifen können gebogen, gerade, oben spitz oder abgeschrägt sein.
2. Aus dem braunen Tonpapier werden die Häschen geschnitten. Die Hasen sitzen, hoppeln oder schnuppern im Gras und sind von hinten oder von vorne zu sehen.
Zeichne deine eigenen Hasen auf das Transparentpapier oder lege es einfach auf die Vorlage im Buch und zeichne die Linien nach. Die Häschen sorgfältig ausschneiden. Am leichtesten geht das, wenn du die Form zuerst grob, dann genau ausschneidest.
3. Klebe den Hasen weiße Locherpunkte als Augen auf. Male mit einem Filz- oder Buntstift kleine schwarze Pupillen hinein. Klebe ihm noch eine Nase auf und male Barthaare dazu.
4. Verteile die Hasen auf dem farblosen Transparentpapier. Lege einige Gräser dazu und überprüfe, ob dir die Anordnung gefällt. Die Hasen müssen nicht alle am unteren Papierrand sitzen. Schiebe manche etwas weiter in die Wiese hinein. Klebe die Hasen auf den Untergrund. Verteile die Gräser so, daß die Hasen hervorspitzen. Klebe jetzt auch die Gräser an. Befestige das Bild am Fenster mit zwei Klebestrei-

Du brauchst:
für die Grashasen:
farbiges Transparentpapier
1 Bogen DIN-A3-Pergamentpapier (stärkeres, farbloses Transparentpapier)
Schere
Klebstoff
Bleistift
Locherpunkte
schwarzen Filz- oder Buntstift

für die Schmetterlinge:
Tonpapier,
Pergamentpapier
Wachsmalkreiden
Zeitungsunterlage
Bleistift
Schere
Bügeleisen
Klebstoff
Klebestreifen

Für das Fensterbild mit den Hasen aus Transparentpapier grüne Grasstreifen und braune Hasen ausschneiden. Hasen und Gräser auf einen Bogen Pergamentpapier kleben. Die Gräser dürfen zum Teil über die Hasen geklebt werden. So entsteht eine Wiese, in der sich die Häschen verstecken.

SCHÖNES FÜR DIE FRÜHLINGS- UND OSTERZEIT

...fen. Jetzt kannst du die Hasen im Gras entdecken.

So verzierst du:

In der Graswiese wachsen auch einige Blumen. Schneide einfach Tulpen oder Glockenblumen aus und klebe sie auf das Gras. Vielleicht kommt sogar auch ein gelbes Küken zu Besuch. Vorlagen dafür gibt es bei den Themen „Sticker" auf den Seiten 57–61 oder bei den „Kartentricks" auf den Seiten 86 und 87.
Bei diesen Fensterbildern können alle mitmachen. Bis Ostern entsteht eine ganze Fensterreihe mit Grashasen. Kleinere Kinder, die noch nicht mit der Schere schneiden können, reißen die Gräser und einfache Häschenformen. Finde unbedingt durch einen Test heraus, in welche Richtung sich das Papier am leichtesten reißen läßt. Das ist die Laufrichtung der Papierfasern. Die Hasenohren können auch extra gerissen und angeklebt werden. Jetzt fehlen noch leuchtend bunte Schmetterlinge, die über die Wiese flattern.

Schmetterlinge

1. Bemale farbloses Transparentpapier dick mit Wachsmalkreiden. Je bunter und kräftiger du bemalst, desto schöner leuchten die Farben. Damit später das Bügeleisen nicht verschmutzt wird, male nicht ganz bis zum Papierrand. Laß etwa 3 cm Rand frei.
2. Falte das Papier in der Mitte. Die bemalten Seiten liegen innen. Lege eine Zeitung auf das Bügelbrett. Bügle das Papier bei der Einstellung Baumwolle so lange, bis sich das Wachs vollkommen verflüssigt hat. Es entstehen für diese Technik typische, verwischte Farbmusterungen. Solange das Papier noch warm ist, den Papierbogen auseinanderziehen.
3. Für die Schmetterlinge einen Rahmen aus Tonpapier schneiden. Entwerfe dazu eigene Formen oder versuche es zuerst mit der Vorlage von Seite 79. Falte anschließend einen Bogen Tonpapier in der Mitte. Übertrage darauf einen halben Schmetterling. Achte immer darauf, daß die Körpermitte des Falters genau an der Faltkante anliegt.
4. Schneide zuerst den Schmetterling an den äußeren Rändern aus. Vom Körper aus das Flügelinnere herausschneiden, so daß ein ungefähr 1 cm breiter Rahmen übrigbleibt. Dies trifft beim oberen und beim unteren Flügel zu. Wer will, schneidet an der Faltkante noch einige Muster in den Körper. Jetzt den Schmetterlingsrahmen auseinanderfalten und flach drücken. Anschließend die Kante zwischen einer Zeitung ausbügeln.
5. Den Schmetterlingsrahmen auf der Seite der Bleistiftstriche mit Klebstoff bestreichen. Diese Rahmen auf die bemalte Seite des Transparentpapiers aufkleben. Lege die Form so auf, daß noch Papier für weitere Schmetterlinge übrigbleibt.
6. Schneide den Schmetterling entlang dem äußeren Tonpapierrand sorgfältig aus.

Ideen fürs Gestalten:

Schneide mehrere solcher Schmetterlinge in verschiedenen Größen aus. Klebe sie über das Fensterbild mit den Grashasen oder gestalte ein Fenster nur mit solchen Schmetterlingen. Wenn es schnell gehen soll, können die Schmetterlingsrahmen auch mit farbigem Transparentpapier hinterklebt werden. Das Bemalen mit Wachsmalkreiden entfällt dann.
Statt der Schmetterlinge können auch Ostereierrahmen geschnitten und beklebt werden.

Die Schmetterlingsform im Faltschnitt aus Tonpapier ausschneiden. Pergamentpapier mit Wachsmalkreiden bemalen, falten und bügeln. Den Schmetterlingsrahmen damit hinterkleben. Das überstehende Papier abschneiden.

SCHÖNES FÜR DIE FRÜHLINGS- UND OSTERZEIT

SCHÖNES FÜR DIE FRÜHLINGS- UND OSTERZEIT

Faltschnitt-Eier

Diese kunstvollen Eier kannst du aufhängen oder als einen lieben Ostergruß auf einer Karte verschicken.

Beim Ausschneiden von großen Rundungen und kleinen Formen erproben die Kinder den sachgerechten Umgang mit der Schere. Die grundlegende Arbeitsweise beim Faltschnitt kann an diesem Beispiel gut erlernt werden. Die Faltschnitte bleiben bis zum Auffalten immer eine Überraschung. Das motiviert die Kinder ständig zu neuen Mustern. Spielerisch wird ihr Sinn für Formen und Proportionen geschult.

So wird's gemacht:

Für das Herstellen der Faltschnitt-Eier wurden zwei verschiedene Schneidetechniken angewendet. Bei der ersten Technik schneidest du zunächst Muster aus:

1. Übertrage die Eigrößen von Seite 83 mit Butterbrotpapier. Klebe diese Papiere auf einen Karton. Schneide die Eierschablonen sorgfältig aus.

2. Lege die Eierschablonen auf Ton- und Regenbogenpapier und schneide verschiedene Größen aus. Wähle drei bis vier Papierfarben aus, die zusammenpassen. Lege das Papier beim Ausschneiden doppelt, und du erhältst mit einem Mal zwei gleiche Eiformen.

3. Wenn du genügend Eier ausgeschnitten hast, falte jedes Ei längs in der Mitte.

4. Zeichne Muster an der Faltkante dieser Eihälften ein. Die Mustervorlagen können dir beim Anzeichnen von eigenen Formen helfen. Solltest du bei den ersten Eiern noch unsicher sein, übertrage die Mustervorlagen auf Butterbrotpapier.

Drücke die Linien anschließend auf die Eihälften durch. Nach etwas Übung kannst du die Muster dann bald ohne Vorzeichnen ausschneiden. Achte immer auf genügend Abstand zwischen den einzelnen Formen. Schneide jede Form weit in das Ei hinein, möglichst bis zu 1 cm vor den Rand.

5. Falte die Eihälfte auf, und du erlebst eine Überraschung. Lege das Ei zwischen zwei Bögen Schreibpapier und bügle die Faltkante glatt. Das Bügeleisen dazu auf die Einstellung Baumwolle oder auf zwei Punkte drehen. Gehe vorsichtig mit dem heißen Eisen um. Achte darauf, daß die Eiformen glatt zwischen den Papieren liegen.

Du brauchst:
Regenbogenpapier
Tonpapier
dünnen Karton
Bleistift
Butterbrotpapier
kleine Schere
Klebstoff
Bügeleisen
2 Bögen Schreibpapier
Faden
große Nadel

für Karten:
farblich passende Faltkarten oder Tonpapier

Falte eine Eiform in der Mitte und schneide an der Faltkante Muster aus. Bei einem Teil der Eier nur Bögen oder Streifen einschneiden, Papier aufklappen und Muster mit den eingeschnittenen Streifen falten.

81

SCHÖNES FÜR DIE FRÜHLINGS- UND OSTERZEIT

Faltschnitt-Eier eignen sich hervorragend zum Verzieren von Osterkarten. Einfach ein ausgebügeltes Faltschnittei auf eine Karte kleben. Einige Karten können nach der Eiform zugeschnitten werden.

Die zweite Arbeitstechnik besteht aus dem Einschneiden von Faltmustern:

1. Die Eier wieder längs in der Mitte falten. Wie nach den Vorlagen an der Faltkante schräge Streifen oder Bögen einschneiden. Die Einschnitte sollten möglichst alle gleich breit sein. Bei den kleinen Eiern 0,5 cm breit einschneiden. Bei den großen Eiern können die Bögen und Spitzen 1 cm breit geschnitten werden.

2. Jetzt die Eihälfte öffnen und die Spitzen oder Bögen zu einer Musterung falten. Von unten beginnen. Eine Spitze nach oben falten, eine auslassen.

3. Die Eiformen zwischen einem Papier glatt bügeln und anschließend aufhängen.

So verzierst du:

Laß dir einen Zweig in der Wohnung aufhängen und schmücke diesen mit den bunten Faltschnitt-Eiern. Auch ein Osterbäumchen oder eine große Zimmerpflanze können damit behängt werden. Ein gemeinsames Basteln dieser Eier – vielleicht mit der ganzen Familie – macht sicher am meisten Spaß. So kann jedes Familienmitglied sein Ei mitgestalten und anschließend aufhängen.

Auch als Fensterschmuck eignen sich diese Eier bestens. Die Faltschnitt-Eier auf ein farblich passendes Transparentpapier kleben. Das Transparentpapier an dem äußeren Eirand abschneiden, und schon leuchtet dein Ei am Fenster.

Fertige solche Faltschnitt-Eier aus Schreibpapier an und verwende sie für Schablonendruck. Einfach eine Eischablone auf Stoff oder Papier auflegen und mit einem flachen Schablonierpinsel eine Farbe aufdrucken. Den Pinsel dabei immer senkrecht halten und nicht zuviel Farbe verwenden.

Bei den Eierschablonen darf ruhig etwas über den äußeren Eirand gedruckt werden. So entstehen um jedes Ei zarte Farbränder. Mehr über diese Drucktechnik gibt's beim Thema „Frühlingsdecken" auf den Seiten 45 und 46 zu lesen.

Schnelle und doch wirkungsvolle Osterkarten entstehen außerdem, wenn solche Faltschnitt-Eier aus Regenbogenpapier auf Karten geklebt werden. Natürlich kannst du mit den Eiern auch viele Faltexperimente durchführen. Schneide beispielsweise die Eihälfte zickzackförmig ein und biege alle äußeren Zacken nach unten und die mittlere nach oben. Je nachdem, wie weit du die Zackenspitzen hochbiegst, verändern sich die Muster. Probiere viele dieser Möglichkeiten am Anfang zuerst einmal mit Schreibpapier aus.

SCHÖNES FÜR DIE FRÜHLINGS- UND OSTERZEIT

Nach dem Einschneiden von Gräsern, das großzügig zu handhaben ist, werden die Kinder an das präzise Ausschneiden von Figuren herangeführt. Das Anordnen der Teile erfordert Sinn für Formen und Proportionen.

Kartentricks

Diese witzigen Karten überbringen liebe Ostergrüße.

So wird's gemacht:

Graskarten

1. Verwende gekaufte Faltkarten oder schneide dir welche aus Tonpapier. Eine fertige Karte dient als Maß zum Anzeichnen der Schnittlinien. Lege die Karte mit der Faltkante auf der linken Seite vor dich hin. Zeichne jetzt dünn mit Bleistift auf die obere Kartenhälfte zackenartige Gräser. Die Grasvorlage auf Seite 86 soll dir eine Hilfe sein. Du kannst diese Vorlage auch auf Butterbrotpapier übertragen und auf die Karte durchdrücken.

2. Schneide die Gräser aus. Die Figuren dann auf Butterbrotpapier übertragen.

SCHÖNES FÜR DIE FRÜHLINGS- UND OSTERZEIT

3. Anschließend auf Tonpapier durchdrücken. Ebenfalls sorgfältig ausschneiden. Die Klebelasche beim Hasen und den großen Küken kann entfallen. Für das Küken in der Eierschale muß die Schale noch zusätzlich aus weißem Papier ausgeschnitten und aufgeklebt werden. Den Schnabel auch ausschneiden und aufkleben oder mit rotem Stift aufmalen. Die Augen brauchen einen weißen Untergrund. Dafür einen Locherpunkt oder einen Papierkreis aufkleben.

4. Jetzt das Auge des Kükens mit schwarzem Filz- oder Buntstift umranden und innen einen Punkt schwarz ausmalen. Wenn du im schwarzen Augenpunkt eine kleine weiße Stelle läßt, wirkt das Auge lebendiger. Flügel und Füße ebenfalls aufmalen.
Die Hasen können beklebt oder mit weißem Stift bemalt werden. Die Schmetterlinge bemalst du ganz nach deinen Vorstellungen.

5. Stecke und lege die Figuren probeweise in das Gras auf der Karte. Vielleicht müssen noch einige Grashalme tiefer geschnitten oder gekürzt werden, damit die Küken und Häschen besonders gut zur Geltung kommen.
Sobald dir die Anordnung gefällt, die Figuren mit wenig Klebstoff an den Grasspitzen befestigen. Kleine Schmetterlinge, Blümchen oder Eier können auch auf die Karteninnenseite geklebt werden. Allerdings muß noch etwas Platz für die Ostergrüße frei bleiben.

Pop-up-Karten

1. Übertrage die halbe Hasen- oder Kükenschablone von Seite 87 mit der Klebelasche auf Butterbrotpapier. Drehe das Butterbrotpapier um und drücke die Vorlage auf doppelt gefaltetes Tonpapier durch. Die Mitte der Figur liegt dabei an der Faltkante des Tonpapiers.

2. Schneide die Umrisse sorgfältig aus und falte die Klebelasche nach hinten.

3. Bemale den Hasen mit weißen und schwarzen Stiften. Einen weißen Bauchflecken kannst du auch aufkleben. Das Küken ebenfalls mit Buntstiften bemalen. Für das Auge einen Locherpunkt aufkleben und schwarz bemalen. Aus rotem Tonpapier einen Schnabel schneiden und hinten ankleben.

4. Bevor du die Figur in die Karte klebst, mußt du folgendes beachten: Die gefaltete Mitte der Figur muß genau auf der Faltkante der Karte, also der Kartenmitte stehen.
Jetzt bestreichst du die umgebogene Klebelasche unten mit Klebstoff. Die Figur anschließend in einer leichten Schrägstellung in den oberen Teil der Karte kleben. Wenn du Lust hast, klebe doch noch eine kurze Graswiese davor. Nachdem der Klebstoff ganz getrocknet ist, kann weiterverziert werden.

So verzierst du:

Bei den Gras- und Pop-up-Karten kannst du noch zusätzliche Gräser und Blüten mit Buntstiften aufmalen. Kleine Ostereier ausschneiden, mit Muster verzieren und dazukleben. Die Hühnchen bekommen mit einer kleinen Feder noch eine lustige Frisur.
Die Graskarten können ebenso in Querformat zugeschnitten werden. Sehr hübsch wirken auch Blümchen aus Zeitschriften oder Geschenkpapieren, die dann einfach an die Grashalme geklebt werden.
Die Pop-up-Karten eignen sich für viele Gelegenheiten: Du kannst zum Beispiel lustige Gespenster anfertigen, die beim Aufklappen der Karte plötzlich vor dir stehen, aber auch kleine Häuschen oder witzige Männchen. Wichtig ist dabei nur, daß die Figuren im Faltschnitt ausgeschnitten werden und unten immer eine ausreichende Klebefläche vorhanden ist.

Du brauchst:
Faltkarten oder Tonpapier in Grün und Hellrot
Tonpapier- und Schreibpapierreste
Locherpunkte
Federn
Buntstifte
weißen Stift
Filz- oder Buntstifte
Butterbrotpapier
Bleistift
kleine Schere
Klebstoff

Bei den Graskarten sitzen muntere Häschen und Küken in der Wiese. Eine Kartenhälfte zur Graswiese schneiden und die Figuren einkleben. Die Pop-up-Karten überraschen beim Öffnen mit einem aufstehenden Häschen oder Küken. Vorlagen für die Kartenfiguren findet man zwei Seiten weiter.

Graskarte

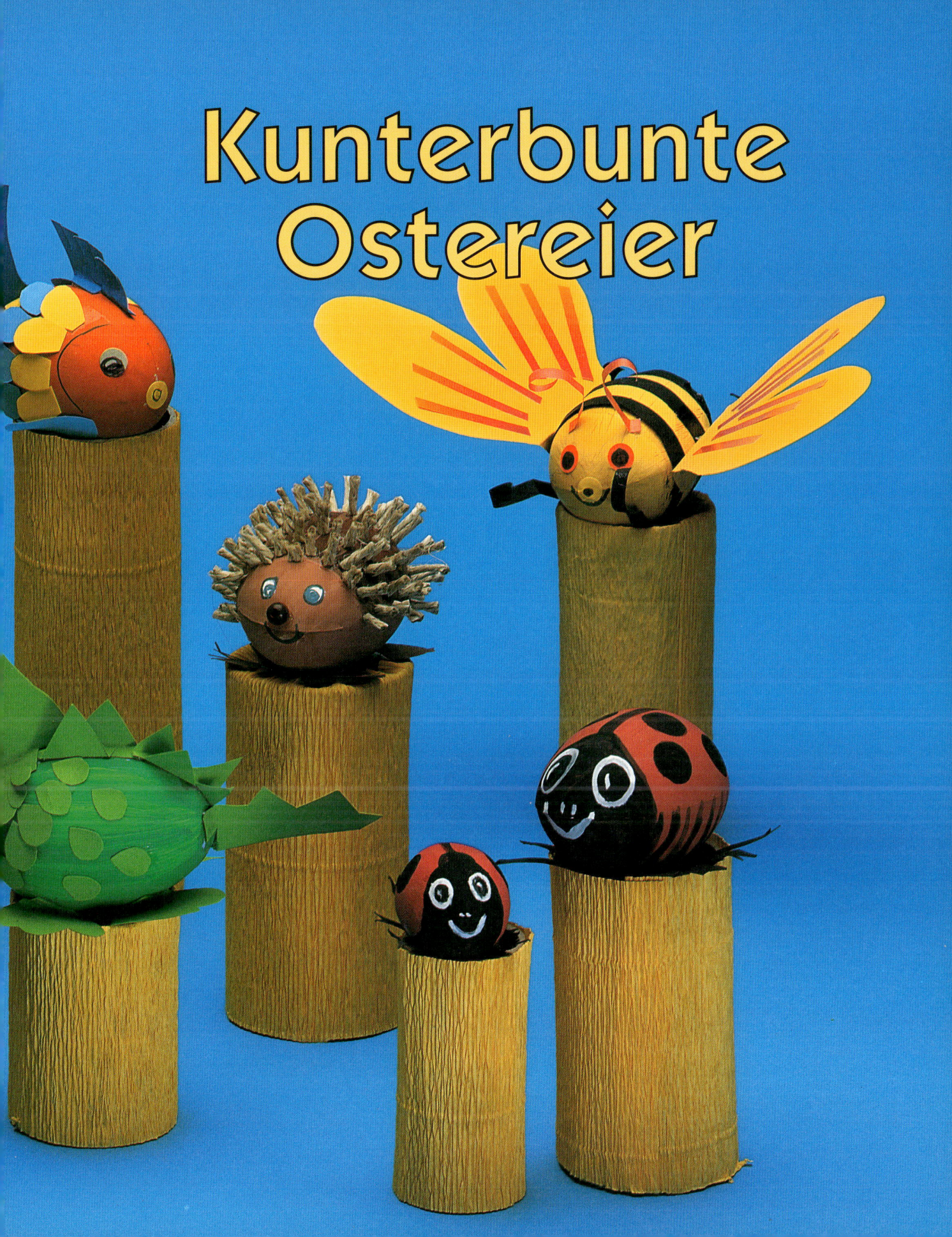

KUNTERBUNTE OSTEREIER

Verschiedene Färbeverfahren werden eingeübt. Dabei werden Farben aus der Natur synthetischen Farben gegenübergestellt. Beim Einkaufen sollte man Eier von freilaufenden Hühnern wählen, um der Massentierhaltung entgegenzuwirken.

Du brauchst:
Eier
alte Töpfe
Essig
Eßlöffel
Küchentuch
Ostereierfarben oder pflanzliche Farbstoffe wie:
3 Handvoll Zwiebelschalen (gelbbraun)
1 Rübe rote Bete (hellviolett)
50 g Sandelholz (rost/orange)
20 g Blauholzspäne (violett)
3 Handvoll Kamillentee (gelbgrün)

zur Verzierung:
kleine Blätter
Stücke von Feinstrumpfhosen
Bindedraht oder Klebeband
Lochverstärker oder Zitronensaft
Holzstäbchen oder schwarzen Filz- oder Buntstift
mehrere Farbbäder

Lege für die Blättermuster ein Blatt auf das Ei. Ein Strumpfstück über Blatt und Ei spannen und auf der Gegenseite zusammenbinden.

Eier färben und verzieren

Hier findet man viele Tips und Tricks für das Vorbereiten, Färben und Verschönern von Eiern.

Eier ausblasen

Eier, die man an den Osterstrauß hängt und besonders hübsch verziert, müssen vorher ausgeblasen werden. Natürlich gibt es auch bereits leere Eier zu kaufen. Watte- oder Plastik-Eier eignen sich ebenfalls für viele Schmucktechniken. Doch man kann auch einige Wochen vor Ostern beginnen, Eier auszublasen.
Stich mit einem spitzen Messer in das obere und untere Ende der Eier ein kleines Loch. Eine Tasse bereitstellen. In das Loch am runden Ende des Eis blasen, bis der Inhalt aus dem anderen Loch in die Tasse läuft. Das leere Ei unter fließendem Wasser durchspülen. Ein Küchentuch in einen Eierkarton legen und das Ei zum Trocknen hineinstellen. Soll das Trocknen schneller gehen, lege die Eier in den Backofen und heize diesen auf 50 °C auf. Vorsicht beim Herausnehmen, die Schale kann sehr heiß sein!
Blase nicht zu viele Eier auf einmal aus, sonst geht dir die Puste aus. Falls das Eierausblasen für dich zu schwierig ist, klopfe in das spitze Ende des Eis ein Loch so groß wie ein Fünfpfennigstück. Schütte den Inhalt des Eis heraus. Spüle das Ei ebenfalls aus und laß es trocknen. Bei lustigen Eiermännchen oder Hühnern wird diese Öffnung einfach mit einem Hütchen, Wollhaaren oder einem Hühnerkamm zugeklebt.

Eier aufhängen

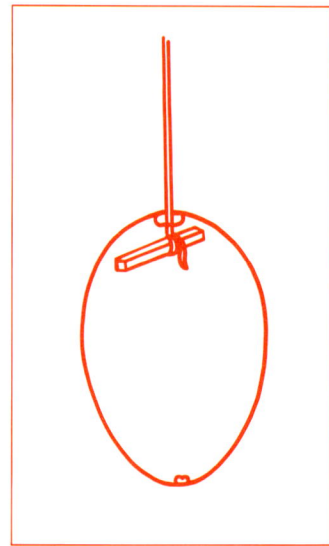

Von einem Streichholz den Kopf abbrechen. Binde an die Mitte des Hölzchens einen Faden in der gewünschten Länge. Wickle diesen zweimal um das Streichholz und verknote ihn gut. Am besten, ihr macht das zu zweit. Zur Sicherheit noch einen kleinen Tropfen Klebstoff auf diese Stelle geben. Sobald der Klebstoff trocken ist, das Streichholz vorsichtig durch die Öffnung in das Ei schieben.
Zieht man nun vorsichtig am Faden, legt sich das Hölzchen quer und kann so nicht mehr herausrutschen.
Bei der Verwendung von Watte-Eiern den Faden in das angedeutete Loch kleben und mit einer Stecknadel feststecken.

Färben mit Naturfarben

Pflanzliche Farbstoffe wie Blauholzspäne und Sandelholz gibt es in der Apotheke zu kaufen. Zahlreiche Drogerien und Ökoläden bieten auch verschiedene Pflanzenfarben an, die im Set zusammengestellt sind.
Die Eier werden dabei gleich mit den Pflanzen im Wasser gekocht. Je nach Farbwunsch können die Eier mehrere Stunden darin liegenbleiben.
Alle Eierfarben wirken auf braunen und weißen Eiern sehr unterschiedlich. Auf braunen Eiern entstehen meistens wärmere, gedecktere Töne, während auf weißen Eiern alle Farben heller und kräftiger wirken.

Färben mit Eierfarben

Reibe vor dem Färben die Eier vorsichtig mit Essig ab. Danach nur noch mit sauberen Händen anfassen, denn fettige Stellen nehmen keine Farbe an. Natürlich können die Eier in den üblichen Ostereierfarben gefärbt werden. Für ausgeblasene Eier eignen sich auch Batikfarben. Es gibt zahlreiche kalt oder warm auflösbare Farbblättchen zu kaufen. Setze die Farbbäder nach der Gebrauchsanleitung an. Lege die gekochten oder ausgeblasenen Eier bis zur gewünschten Färbung hinein. Bei ausgeblasenen Eiern die Farbe aus dem Ei herausschütten. Anschließend in einen Eier-

KUNTERBUNTE OSTEREIER

karton zum Abtropfen stellen. Vorsicht: Eierfarbe auf Möbeln oder Kleidung läßt sich nur schwer entfernen. Decke auch deinen Arbeitsplatz mit Zeitungen ab.
Alle Eier bekommen einen herrlichen Glanz, wenn du sie mit etwas Fett einreibst.

So wird's gemacht:

Beim Färben mit Zwiebelschalen gehst du folgendermaßen vor:
1. Gib die äußeren Zwiebelschalen und einen Eßlöffel Essig in einen flachen Topf. Gieße ihn halbvoll mit Wasser. Laß diesen Zwiebelsud eine Viertelstunde kochen.
2. Lege die Eier vorsichtig mit einem Eßlöffel in die Flüssigkeit. Der Farbsud muß die Eier völlig bedecken. Diese Eier wirken besonders hübsch, wenn du sie vorher mit kleinen Blättern schmückst. Wie das geht, steht weiter unten.
3. Nach der Kochzeit von acht Minuten die Eier noch eine Viertel- bis eine Stunde im Sud liegenlassen.
4. Anschließend die Eier unter kaltem Wasser abbrausen und auf ein Küchentuch zum Trocknen legen. Bei Blauholzspänen, Kamille, roter Bete und Sandelholz kannst du genauso wie bei dem Färben mit Zwiebelschalen vorgehen. Eier, die in gekochten Rote-Bete-Stücken gefärbt werden, müssen über Nacht im Farbbad liegenbleiben.

So verzierst du:

Blätterbilder

Befeuchte kleine Kräuterblätter oder Blattspitzen leicht und drücke sie auf das Ei. Strumpfhosenstücke, die um das Ei passen, abschneiden. Vorsichtig das Strumpfstück über Blatt und Ei spannen. Auf der Gegenseite mit einem Drahtstück fest zusammenbinden. Die Eier so einge-

Hier sieht man, wie Blätter oder Faltschnittmuster eingebunden werden. Bei dem roten Ei entstehen die Muster durch Abkleben. Das buntgefärbte Ei zeigt, wie man Farbschattierungen umrandet.

Für diese Eier einfach Zwiebelschalen mit einem Eßlöffel Essig in einen Topf mit Wasser geben und eine Viertelstunde kochen lassen. Die Eier mit dem Löffel einlegen und acht Minuten mitkochen lassen. Dabei nimmt die Schale die bräunlich-gelbe Farbe an. Je nach Farbwunsch die Eier noch in dem Sud liegenlassen. Die niedlichen Entchen am Nestrand sind aus Schafwolle gezogen. Mit Flügelchen aus Federn sowie Augen und Schnabel aus Filz sehen sie fast wie lebendig aus.

91

KUNTERBUNTE OSTEREIER

Eine schnelle und einfache Technik mit toller Wirkung: Die Eier vor dem Farbbad mit kleinen Schnipseln von einem Klebeband verzieren. Nach dem Färben die Eier trocknen lassen und die Schnipsel abziehen.

bunden in die Farbbäder legen. Statt der Pflanzenteile können auch kleine Faltschnittdeckchen oder Figuren aus Papier aufgelegt werden. Diese Formen solltest du vorher aber ebenfalls befeuchten.

Streumuster durch Abkleben

So kannst du vorgekochte oder ausgeblasene Eier lustig verzieren: Lochverstärkerringe oder kleine Schnipsel von einem Klebeband fest an die Eierschale drücken. Es dürfen keine Falten entstehen. Das Ei in die gewünschte Farbe legen. Das Farbbad darf nicht kochen. Nach dem Färben das Ei herausnehmen, trocknen lassen und die Klebeteile abziehen.

Die Klebeteile können auch zu Formen oder Bordüren angeordnet werden. Für bunte Muster zuerst wenige Schnipsel aufkleben. Das Ei in eine helle Farbe legen, herausnehmen, abtrocknen und weitere Teile aufkleben. Jetzt das Ei in eine dunklere Farbe legen.

Malen mit Zitronensaft

Mit Zitronensaft oder Essig läßt sich die Eifarbe wieder wegätzen. Diese Eigenschaft kann man ausnutzen und schöne Muster in das Ei gravieren. Presse etwas Zitronensaft in ein Schälchen. Tauche die Spitze des Holzstäbchens in den Saft. Zeichne damit kleine Punkte, Kreise oder Blümchen über das Ei verteilt. Vergiß dabei nicht, immer wieder die Spitze einzutauchen. Tropfen mit einem Küchentuch abtupfen. Nach etwas Übung zeichnest du runde Ornamente auf das Ei. Auch Namen oder Ostergrüße lassen sich in die Eierschale schreiben. Dies ist eine Technik, die sicher viel Spaß macht.

Farbschattierungen

Ausgeblasene Eier eignen sich auch für diese Schmucktechnik besonders gut. Laß die Eier im Farbbad schwimmen. Nicht eintauchen, denn es soll nur stellenweise Farbe an die Schale kommen. Gekochte Eier sinken gleich nach unten, deshalb für diese Technik die Eier in flache Gefäße mit wenig Farbe legen. Die teilweise gefärbten Eier kurz auf Küchenpapier trocknen. Lege sie anschließend in ein anderes Farbbad. Die Farbfelder dürfen sich dabei durchaus überschneiden.

Weiße Eierschale kann teilweise noch sichtbar bleiben. Ziehe nach dem Trocknen die Ränder zwischen den einzelnen Farbschattierungen mit einem schwarzen Filz- oder Buntstift nach. Du siehst: kein Ei gleicht dem anderen. Beim Nachmalen entstehen dann oft phantasievolle Kunstwerke.

KUNTERBUNTE OSTEREIER

Kleine Kunstwerke mit Farbschattierungen: Hierfür nimmst du am besten ausgeblasene Eier. Laß die Eier im Farbbad schwimmen. Nicht eintauchen, sonst wird die Schale vollständig gefärbt. Nun die teilweise gefärbten Eier etwas trocknen lassen und in ein anderes Farbbad legen. Die Farbfelder sollen sich dabei überschneiden. Nach dem Trocknen die Farbschattierungen mit einem schwarzen Stift nachziehen.

Viel Spaß macht auch diese Technik. Der Trick besteht darin, daß mit Zitronensaft oder Essig die Eifarbe wieder abgelöst werden kann. Mit einem Holzstäbchen, das man in Zitronensaft taucht, werden hübsche Muster, Blumen oder Ostergrüße in die Eifarbe graviert.

KUNTERBUNTE OSTEREIER

Bei dieser Eierverzierung können schon ganz kleine Kinder mithelfen. Sie machen Erfahrungen im Umgang mit Papier, indem sie verschiedene Papiersorten befühlen und reißen. Beim Aufkleben der Schnipsel werden den Kindern die unterschiedlichen Farbwirkungen bewußt.

Viele kleine Schnipsel aus Geschenk-, Bunt- oder Transparentpapier reißen. Mit Tapetenkleister auf die Eier kleben.
Witzig wirken auch bunte Zeitschriftenschnipsel.

Schnipsel-Eier

Viele bunte Papierschnipsel schmücken diese Eier.

So wird's gemacht:

1. Rühre einen Teelöffel Tapetenkleister in 1/4 l Wasser an. Laß den Kleister etwas stehen, dabei öfter umrühren. Man braucht keine Angst vor dem Tapetenkleister zu haben, denn er läßt sich schnell wieder abwaschen.
2. In der Zwischenzeit viele kleine Papierschnipsel reißen. Erprobe dabei, in welche Richtung sich das Papier am leichtesten reißen läßt. Das ist die Laufrichtung der Papierfasern. Lege immer die Schnipsel von einer Papiersorte und einer Farbe zu einem Häufchen zusammen.
3. Trage mit dem Pinsel Kleister auf das Ei auf. Bestreiche die Papierstückchen ebenfalls und drücke sie auf das Ei. Wähle dazu verschiedenfarbige Schnipsel von einer Papiersorte, beispielsweise Transparentpapier. Wenn die Papierstückchen beim Aufkleben Falten bilden, sind sie zu groß. Reiße sie etwas kleiner.
4. Überstreiche die Schnipsel auf dem Ei noch einmal mit Kleister. Stecke das Ei zum Trocknen auf ein Holzstäbchen. Das Stäbchen in einen Blumentopf, Stiftehalter oder ähnliches stecken.
5. Wenn der Kleister trocken ist, leuchten die bunten Eier erst richtig kräftig. Die Eier aufhängen, in Ostergras legen oder auf Stäbchen stecken.

So verzierst du:

Für die aufgesteckten Eier an die Spitze eines Holzstäbchens etwas Klebstoff tropfen. Das Stäbchen in das Ei stecken und festkleben. Die Spitze des Eis sollte mit Schnipseln zugeklebt sein. Passende Bändchen auf eine Länge von 20 cm zuschneiden und unter dem Ei an das Stäbchen knoten. Wer will, malt das Holzstäbchen an oder wickelt ein Klebeband darum.
Die Farbwirkung der einzelnen Eier kann sehr unterschiedlich sein. Aufgeklebte Schnipsel aus einer Farbfamilie, wie Rosa bis Violett oder Gelb bis Orange, lassen die Eier sehr zart wirken. Wenn Schnipsel in allen Farben aufgedrückt werden, gibt es knallig bunte Eier.
Für das Bekleben mit Geschenkpapier sollte man Drucke mit kleinen Mustern wählen. Diese wirken auf den Eiern besser.
Witzig wirken aufgeklebte Zeitschriftenschnipsel. Drucktexte und Bildteile dürfen ruhig miteinander gemischt werden. Besonders lustige, kleine Bild- und Textstückchen drückt man zuletzt auf die Eierschale, damit sie erkennbar bleiben.

KUNTERBUNTE OSTEREIER

Du brauchst:
farbiges Transparent-
*   papier*
kleingemusterte oder
*   einfarbige*
*   Geschenkpapiere*
Buntpapier
Tapetenkleister
breiten Pinsel
ausgeblasene Eier
Watte- oder Kunst-
*   stoff-Eier*

Diese farbenfrohen Eier sind mit Transparent- und Buntpapier beklebt.

KUNTERBUNTE OSTEREIER

Eierkranz

Die Eier für diesen festlichen Osterschmuck sind mit Seidenpapier gefärbt.

Viele Farbexperimente sind möglich, an denen auch kleine Kinder ihren Spaß haben. Farbige Finger werden nach dem Waschen wieder sauber.

Du brauchst:
*Seidenpapier
ausgeblasene Eier
Wasserschale
Pinsel
Holzspieß mit Gummiring
Drahtstück, 65 cm lang, oder Blumenstieldrähte
Kombizange
Klebstoff
Trockenblumen oder Zweige
Bänder*

So wird's gemacht:

1. Reiße verschiedenfarbige Seidenpapiere in kleine Schnipsel. Die Stücke anschließend farblich sortiert zu kleinen Häufchen zusammenlegen.
2. Die Eier ausblasen, wie es am Anfang dieses Kapitels beschrieben wird, und trocknen lassen. Bestreiche die Eier mit Wasser und drücke darauf die Seidenpapierstückchen. Diese sollen dabei das ganze Ei dicht bedecken. Allerdings solltest du auch immer auf eine Abwechslung von hellen und dunklen Farben achten.
3. Laß die Eier einige Stunden trocknen. Die Schnipsel fallen dann von selbst ab, oder du kannst sie abzupfen. Jetzt hat die Eierschale die Farbe des Seidenpapiers angenommen. Die Eierschale mit Speck oder wenig Fett einreiben, damit sie schön glänzt.
4. Ein 65 cm langes Drahtstück leicht rund biegen. Wenn du zwei Blumendrähte hast, diese erst an einem Ende zu einem langen Drahtstück zusammendrehen. Fädle die Eier auf. Zum Aufhängen die Drahtenden zu einer Schlinge verdrehen. Laß dir dabei helfen.

So verzierst du:

Bändchen in einer passenden Farbe auf eine Länge von 20 cm zuschneiden und zwischen die Eier knoten. In die Eieröffnungen kleine Buchszweige, Gräser oder Trockenblumen kleben.

Für die Eier einfach viele Schnipsel aus buntem Seidenpapier reißen, befeuchten und aufkleben. Ein Drahtring bildet das Gerüst für den Eierkranz.

KUNTERBUNTE OSTEREIER

Mosaik-Eier

Die Eier sehen aus wie Kunstwerke.
Der Trick dabei sind aufgeklebte Schalenreste.

Durch Reihen, Streuen und Verdichten von kleinen Schalenteilchen werden die Kinder an Möglichkeiten der Flächenauflösung herangeführt. Die Gestaltung erfordert etwas Ausdauer, läßt aber auch erkennen, mit welch einfachen Mitteln man zu schönen Ergebnissen kommt.

So wird's gemacht:

1. Trockne weiße, braune und gefärbte Eierschalenreste.
2. Zerdrücke diese Schalen in kleine Stücke.
3. Färbe einige Eier. Ausgeblasene Eier können auch mit Plaka- oder Wasserfarben bemalt werden. Zum Bemalen die Eier auf einen Holzspieß oder eine Stricknadel stecken. Um ein Durchrutschen des Eis zu verhindern, einen Gummi um das Stäbchen drehen. Es eignen sich aber auch ungefärbte weiße oder braune Eier. Mit bunten Eierschalen geschmückt, wirken solche Eier genauso farbenfroh.
4. Klebe die Schalenstücke auf das Ei. Tupfe zuerst etwas Klebstoff auf die Stelle, wo die Schalenstücke plaziert werden. Jetzt mit dem Finger die Mosaikteilchen aufdrücken.
5. Ausgeblasene Eier können darüber hinaus zum Schutz noch lackiert werden.

So verzierst du:

Du kannst entweder große Schalenstücke als Punkte über das Ei verteilen oder das ganze Ei mit kleinen Teilchen überkleben. Auch einfache Linien und Streifen machen sich gut.
Ganz toll wirken schwarze oder dunkle Eier, die mit einer weißen Schale beklebt werden. Dazwischen einige farbige Stückchen setzen, und es entsteht ein richtiges Kunstwerk.

Du brauchst:
gekochte oder ausgeblasene Eier
Eierschalenreste
Eier-, Plaka- oder Wasserfarben
Pinsel
Klebstoff
wasserlöslichen Klarlack

Mosaike sind Bilder oder Verzierungen, die aus vielen kleinen Teilchen zusammengesetzt werden. Bei diesen Eiern klebt man kleine Eierschalenreste auf, und es entstehen mosaikartige Muster.

KUNTERBUNTE OSTEREIER

Du brauchst:
5 ausgeblasene Eier
Watte- oder Plastikeier
3 Zitronennetze
Eierkarton
Stickgarn
Pappkarton
dicke Nadel
Bindedraht
Schere
Holzstäbchen
Zahnstocher
Ringgummis
weißen Nähfaden
Plakafarben
Pinsel
kleine Fluggäste

Auf der Zeichnung sieht man, wie die Seilbespannung zwischen Ballonnetz und Korb erfolgt.

KUNTERBUNTE OSTEREIER

Ballonwettfliegen

Alles einsteigen, die Eierballons starten gleich!

Die Kinder werden angeregt, scheinbar wertloses Verpackungsmaterial als Gestaltungselement einzusetzen. Das Ausbalancieren eines Mobiles erfordert etwas Geduld, ist aber für Kinder eine interessante Erfahrung im Spiel mit dem Gleichgewicht. Wenn kleinere Kinder dieses Mobile machen, sollten Erwachsene beim Befestigen der Körbe mithelfen.

So wird's gemacht:

1. Die Eier an ein Holzstäbchen stecken. Damit sie nicht durchrutschen, einen Gummiring um das Holzstäbchen wickeln. Jedes Ei einfarbig bemalen und trocknen lassen. Jetzt mit einem nicht zu dicken Pinsel andersfarbige Streifen auf das Ei malen und wieder trocknen lassen.

2. Jedes Ei in ein Zitronennetz einwickeln. Am spitzen Ende mit einem Stück Bindedraht umwickeln. Das restliche Netz abschneiden.

3. Aus den Vertiefungen eines Eierkartons kleine Körbe schneiden. Diese anmalen und trocknen lassen.

4. In der Zwischenzeit einen Klappdeckel von einem Pappkarton abtrennen. Eine Wolke darauf zeichnen und ausschneiden. Die Wolke an beiden Seiten und an den Kanten mit weißer und hellblauer Farbe bemalen.

5. Für die Seilbespannung zwischen Korb und Ballon ein 30 cm langes Stickgarn in die Nadel einfädeln, in eine Korbecke einstechen und das Garn durchziehen. Mit der Nadel an der Ballonmitte einige Fäden vom Netz auffassen und das Stickgarn durchziehen. Diesen Vorgang zwischen Korb und Netzbespannung auf der gegenüberliegenden Seite wiederholen.

6. Die Wolke hängend zwischen zwei Fingern ausbalancieren und so die Mitte feststellen. Einen weißen Faden durchfädeln. Die Wolke an einen Haken oder Griff hängen. In die untere Wolkenkante fünf Löcher stechen. Auf gleichmäßige Verteilung achten.

7. Fünf weiße Fäden von 35, 30, 20, 15 und 10 cm Länge zuschneiden. Die Fäden durch die Löcher an der Wolke fädeln und mit Knoten sichern. Dabei sollten die längeren Fäden außen und einer in der Mitte hängen.

8. Das untere Fadenende einfädeln und oben durch das Ballonnetz ziehen. Mit vier bis fünf Knoten sichern. Laß dir das Mobile an einem passenden Platz aufhängen. Jetzt können die Fluggäste einsteigen und mitfliegen.

So verzierst du:

Lustige Fluggäste kannst du aus Knet- oder Modelliermasse formen. Natürlich dürfen auch kleine Spielfiguren mitfliegen. Kleine Passagiere, aus Zeitschriften ausgeschnitten oder selbstgemalt, können jederzeit zusteigen. Die Ballons müssen nicht immer gestreift sein. Einfarbig bemalte Eier oder solche mit einem dicken Querstreifen sehen auch wirkungsvoll aus. Mit Filz- oder Buntstiften lassen sich noch zusätzliche Namen auf die Ballons schreiben. Aus Papier aufgeklebte Fähnchen geben die Windrichtung an.

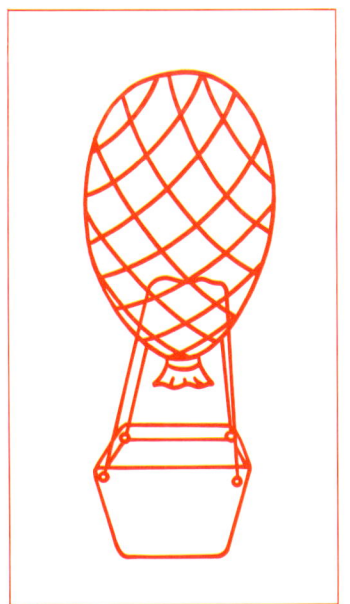

Dieses Mobile aus Eierkartons wirkt nicht nur zur Osterzeit sehr dekorativ. Leere Eier bemalen und in ein Stück Zitronennetz einbinden. Mit einem Faden Körbchen aus Eierkartonteilen anbinden und an eine Wolke aus Pappe hängen.

KUNTERBUNTE OSTEREIER

KUNTERBUNTE OSTEREIER

Kaktus- und Safari-Eier

Mit diesen exotischen Eiern entsteht eine abenteuerliche Landschaft.

So wird's gemacht:

Kaktus-Eier

1. Male die ausgeblasenen Eier und die kleinen Watte-Eier grün an. Laß die Farbe trocknen.

2. Mit einem dünnen Pinsel Kaktusstacheln aufmalen. Das können kleine gelbe Punkte oder Striche sein, die in gleichmäßigen Rillen von oben nach unten verlaufen. Weiße oder schwarze Stacheln dazwischenmalen. Wer abstehende Dornen will, klebt aus fest gedrehter Wolle oder Paketschnur viele 3–4 mm lange kleine Stückchen auf.

3. Einen kleinen Blumentopf unten mit einem Klebestreifen zukleben und mit Vogelsand auffüllen. Aufgerollte Wellpappe, mit Moos überklebt, kann genauso als Halt dienen. In das Ei ein Stück Draht oder Holzstäbchen stecken. Dieses in den Sand oder das Moos im Blumentopf drücken.

4. Wer kleine Watte-Eier als Kaktusableger anklebt, gibt an diese Stelle einen dicken Klecks Klebstoff. So lange warten, bis der Klebstoff etwas angezogen hat, dann das bemalte Watte-Ei daraufsetzen. Nicht mehr bewegen, bis die Verbindung fest ist. Vielleicht mußt du das angesetzte Ei eine Weile abstützen, bis es hält.

5. Ein großer Kaktus entsteht, wenn du mehrere Eier an ein Stück Blumenstieldraht steckst. Die Eier an den Verbindungsstellen zusammenkleben.

Willst du den Kaktus verzweigen, verdrehe zwei Drähte bis zur Hälfte miteinander. Stecke unten ein Ei an die zwei verdrehten Drähte. Oben die beiden Drähte auseinanderspreizen und an jeden Draht ein oder zwei Eier stecken. In Form biegen und an den Berührungspunkten festkleben. Die Drahtenden bis auf ungefähr 3 cm abzwicken. An diese Enden jeweils ein Watte-Ei kleben. Stecke das unten herausstehende Drahtende in den Blumentopf.

Safari-Eier

Auf weiße oder braune Eier mit einem dünnen Pinsel Tiermuster aufmalen. So entsteht ein Zebra-Ei, ein Tiger-Ei, ein Antilopen-Ei und ein Giraffen-Ei. Wer will, kann die Eier auch zuerst in einer Grundfarbe anmalen und dann die Muster auftragen. Bei dem Leoparden-Ei werden die Farben mit einem Borstenpinsel aufgetupft.

So verzierst du:

Auch andere Tiermuster ergeben interessante Eierverzierungen. Wie wär's mit einem Schildkröten- oder Kroko-Ei. Auf die gleiche Art können die Flaggen von verschiedenen Ländern auf die Eierschale gemalt werden. Manche Kakteen blühen schon. Klebe dazu kleine Strohblumen, Holzperlen oder Blümchen aus Seidenpapier an.

Durch gezieltes Beobachten der Natur und durch Bildbetrachtungen finden die Kinder viele Möglichkeiten, die Eier mit typischen Pflanzen- und Tiermerkmalen auszustatten. Das erweitert die Wahrnehmungs- und fördert die bildnerische Umsetzungsfähigkeit.

Du brauchst:
ausgeblasene Eier
kleine Watte-Eier
Malkasten oder Plakafarben
Pinsel
Holzstäbchen mit Gummiring
Vogelsand
kleine Blumentöpfe
Blumenstieldrähte
Kombizange
Strohblumen oder Seidenpapier
Klebstoff
grüne oder gelbe Wolle
wasserlöslichen Lack

Die Kaktus-Eier können gemalte oder geklebte Stacheln erhalten. In einen mit Vogelsand gefüllten Blumentopf stecken und zwischen echte Pflanzen stellen. Für den großen Kaktus steckt man mehrere Eier an einen Draht. Bei den Safari-Eiern kannst du verschiedene Tiermuster auf die Eier malen.

KUNTERBUNTE OSTEREIER

Lustige Eiertypen

Fröhlich spähen die Gesichter aus dem Gras hervor.
Ob sie Ausschau nach dem Osterhasen halten?

Eigene Improvisationen bei den Charakteren sind gefragt. Durch phantasievolles Gestalten mit zusätzlichen Materialien ist der Gesichtsausdruck noch zu verstärken. Während des Arbeitens können sich die Kinder eigene Spielgeschichten dazu ausdenken.

Du brauchst:
ausgeblasene Eier
Watte- oder Plastik-
   Eier
Malkasten oder Wasserfarben
Pinsel
Filz- oder Buntstifte
Holzstäbchen mit
   Gummiring
Bleistift
Wolle
Plüsch- oder Pelzreste
Pralinenförmchen
   oder Kronkorken
Tonpapierreste
Federn
große Nadel

So wird's gemacht:

1. Bei manchen Eiern kannst du die weiße oder braune Schale lassen. Für das Chinesengesicht das Ei gelb anmalen. Clowngesichter ganz nach Wunsch in einer Grundfarbe bemalen.
2. Zeichne dir die Gesichter zuerst mit Bleistift auf. Markiere dazu die Stellen, wo die Augen, die Nase und der Mund hinkommen. Jetzt erst die Umrandung der großen Augen und den Mund vorzeichnen. Bei farbigen Eiern das Auge weiß ausmalen. Das Augeninnere und die Umrandung läßt sich am leichtesten mit einem schwarzen oder braunen Filzstift aufzeichnen.
3. Jetzt werden schicke Frisuren aus Wolle oder Pelz ausprobiert und zugeschnitten. Bevor du die ausgewählten Haare aufklebst, befestige einen Aufhängefaden im Ei. Klebe die Frisur um den Aufhängefaden oder ziehe ihn mit einer Nadel durch die Kopfbedeckung.

So verzierst du:

Die lustigen Gesichter können auch mit Buntpapierresten und Locherpunkten aufgeklebt werden. Zusätzliche Umrandungen mit Filz- oder Buntstift aufmalen. Hütchen zum Beispiel aus Pralinenförmchen, Kronkorken oder ähnlichen Materialien aufkleben. Einfache geschnittene Kreise oder Quadrate aus Tonpapier eignen sich auch prima als Hut. Für Donald Duck aus hellblauem Tonpapier eine Mütze schneiden. Hinten zwei dünne Bändchen ankleben. Den Schnabel aus doppelt gefaltetem Tonpapier schneiden und ankleben. Wie wär's denn noch mit einer Micky Maus dazu?

Die Eiertypen kommen aus allen Ländern. Male ganz verschiedene Gesichter auf die Eierschale. Klebe ihnen aus Wolle oder Pelzresten eine flotte Frisur auf. Manche tragen noch einen schicken Hut.

KUNTERBUNTE OSTEREIER

Wackel-Eier

Diese Figuren haben lustige Gesichter und bewegen sich wie Stehaufmännchen.

Die Kinder müssen Gleichgewichtsexperimente durchführen.

Du brauchst:
Eier
Küchenmesser
1 m Gardinenbleiband
Klebstoff
Malkasten oder Plakafarben
Pinsel
Filz- oder Buntstifte
Wolle
Plüsch- oder Pelzreste
Tonpapier oder Pralinenförmchen
Bindedraht
Schere

So wird's gemacht:

1. Brich die rohen Eier am spitzen Ende vorsichtig auf. Mit einem Küchenmesser so viele Schalenstücke abnehmen, bis die Öffnung so groß wie ein Zehnpfennigstück ist. Den Inhalt in eine Tasse schütten. Die Schale mit Wasser ausspülen.

2. Tropfe Klebstoff in die Eierschale und fülle darauf einige Bleibandstücke von einem Gardinenband. Gib soviel Bleiband in das Ei, bis es stehenbleibt. Falls die Schale umkippt, mußt du noch einige Bleibandkügelchen dazugeben oder mit einem Holzspieß die Kugeln innen verschieben. Sobald die Bleibandstücke innen festgeklebt sind, kannst du das Ei anmalen. Wenn du kein Bleiband hast, forme Kügelchen aus Knetmasse und fülle sie in die Schale.

3. Den unteren Teil des Eis als Kleid bemalen. Auf einer günstigen Stelle in der oberen Eihälfte das Gesicht zeichnen. Die Öffnung mit Wollhaaren, Pelzresten oder einem schicken Hütchen verdecken. Diese fröhlichen Eiermännchen schaukeln und stehen immer wieder auf.

So verzierst du:

Die Gesichter malt man am einfachsten mit Filz- oder Buntstiften auf. Statt der Männchen können auch purzelnde Eierköpfe entstehen. Dafür nur ein lustiges Gesicht mit großen Augen aufmalen. Natürlich können auch Gesichter aus Locherpunkten und Papierresten aufgeklebt werden.

Schicke Hüte entstehen aus Pralinenförmchen oder einfachen Tonpapierscheiben. Gegen eine Haarschleife und eine Hutfeder ist auch nichts einzuwenden.

In das spitze Ende des Eis eine größere Öffnung klopfen. Den Inhalt in eine Tasse leeren. In die trockene Eierschale so viele Kügelchen des Gardinenbandes kleben, bis das Ei auf dem runden Ende steht. Nachdem der Klebstoff fest ist, die Eier mit lustigen Gesichtern bemalen. Eine schicke Frisur aufkleben, und schon schaukeln die Eiermännchen um die Wette.

KUNTERBUNTE OSTEREIER

Im spielerischen Umgang mit Pinsel, Schwamm und Farbe erproben die Kinder verschiedene Möglichkeiten des Farbauftrags und der Farbzusammenstellung.

Du brauchst:
gekochte oder ausgeblasene Eier
Holzstäbchen mit Gummiring
Malkasten oder Plakafarben
evtl. einige Plakalackfarben
Haarpinsel und Borstenpinsel
Schwamm- oder Schaumstoffreste
Küchentuch
Gläserdeckel
Schere
Faden und Streichhölzer zum Aufhängen
wasserlöslichen Lack

Eine Verzierung, die sich für gekochte und ausgeblasene Eier eignet. Die Muster werden einfach mit dem Schwamm oder dem Pinsel aufgetupft. Alle können dabei mitmachen.

Sprenkel-Eier

Eine schnelle Schmucktechnik, die alle begeistert.

So wird's gemacht:

Für diese Verzierung eignen sich gefärbte, weiße und braune Eier. Der Untergrund kann auch bemalt werden. Allerdings sollte man zarte, helle Farben wählen, damit sich die Sprenkel farblich abheben. Die Untergrundfarbe trocknen lassen.

Schwammtechnik

1. Schneide einen feinporigen Schwamm oder Schaumstoff in ungefähr 1 cm breite und 3 cm hohe Stücke. Gieße wenig Farbe in die Gläserdeckel. Ausgeblasene Eier auf ein Holzstäbchen stecken, dann kann's los gehen.
2. Tupfe mit einem Schwammstück in die Farbe. Es darf nicht zuviel Farbe daran sein. Vorsichtshalber streifst du den Schwamm auf einer Zeitung nochmals ab. Stupse jetzt kurz mit dem Schwamm auf die Eierschale. Verteile diese Kleckse über die ganze Schale. Ein anderes Schwammstück mit einer anderen Farbe tränken und weitere Klecksmuster auf die Schale tupfen. Wiederhole diesen Vorgang mit drei bis vier verschiedenen Farben. Wechsle zwischen hellen und dunklen Farben ab. Der bemalte Untergrund oder die weiße Schale dürfen dabei stellenweise noch sichtbar sein. Beim nächsten Ei läßt du eine Farbe weg, beispielsweise Blau, und verwendest dafür Grün. Du wirst sehen, es entsteht ein völlig anderes Ei.
3. Nach dem Trocknen kannst du die ausgeblasenen Eier noch lackieren. Für die Aufhängung ein Streichholz an einen Faden binden und in die Öffnung des Eis schieben.

Pinseltechnik

1. Bei diesen Eiern wirkt ein zartgrüner, gelber oder bräunlicher Untergrund besonders gut. Die Eier mit dünnflüssiger Wasser- oder Plakafarbe und einem dicken Pinsel anmalen.
2. Bereite dir verschiedene harte, weiche, spitze und flache Pinsel vor. Tauche jeden in wenig Farbe und stupse ihn probeweise auf Papier. Macht er einen schönen Abdruck, kannst du ihn für die Eierschale verwenden. Manche Pinsel schmieren leicht, diese solltest du am Anfang nicht benutzen. Tauche den Pinsel in wenig dickliche Farbe und betupfe damit die Eierschale. Den Pinsel auswaschen oder einen neuen verwenden, und mit einer anderen Farbe weitertupfen. Wechsle zwischen dünnen und breiten Pinseln ab. Verwende kräftige helle und dunkle Farben. Kein Ei gleicht dem anderen, jedes wird eine Überraschung.

So verzierst du:

Besonders edel wirken auf den Eiern einige goldene oder glänzende Farbkleckse mit Plakalackfarben. Ein neuer Effekt entsteht, wenn einige Farbtupfer mit dem Pinsel absichtlich verwischt werden.
Diese Eier eigen sich durch ihre Musterung auch für einen Eierkranz, wie er auf Seite 96 beschrieben ist.

KUNTERBUNTE OSTEREIER

KUNTERBUNTE OSTEREIER

Die Gestaltung der Häuschen kann der jeweiligen Altersgruppe angepaßt werden. Das konzentrierte Aufmalen und Kleben der Türen, Fenster und Dachziegel schult die Feinmotorik. Solche hübschen Häuschen regen sehr bald die kindliche Fantasie an.

Du brauchst:
**gekochte oder ausgeblasene Eier
Eierfarben
Malkasten oder Plakafarben
Pinsel
Filz- oder Buntstifte
Schere
Holzstäbchen mit Gummiring
Klebstoff
Tonpapierreste**

Eierhäuschen

Versteckt im Gras steht ein ganzes Eierdorf.
Wer wohl darin wohnt?

So wird's gemacht:

1. Gekochte Eier färben oder mit Wasserfarben bemalen. Willst du die Eierhäuschen aufheben, dann nur ausgeblasene Eier mit Plaka- oder auch Wasserfarben bemalen.
2. Während das Ei trocknet, ein Dach herstellen. Schneide dazu ein farblich passendes Tonpapier in der Größe von 6 x 7 cm zurecht. Falte das Dach in der Breite und setze es probeweise auf das Ei. Bei kleinen Eiern mußt du es jedoch vielleicht noch etwas zuschneiden. Das Papierstück gefaltet lassen und in die unteren Kanten Bögen schneiden. Diese Bögen als Dachziegel weiter aufzeichnen.
3. Jetzt die Türen und Fenster schneiden. Aus hellblauem Tonpapier einen 1 cm breiten Streifen schneiden. Diesen in kleine Stücke teilen. Auf die Papierstücke ein Fensterkreuz zeichnen. Für die kleinen Türen eine beliebige Form schneiden. Fenster und Türen festkleben und Fensterläden anmalen.
4. Ein kleines, grünes Stück Tonpapier als Standfläche zuschneiden. Das Dach aufkleben und das Eierhäuschen auf die grüne Fläche kleben.

So verzierst du:

Es können breite oder hohe Häuschen entstehen, je nachdem, ob das Ei gelegt oder gestellt wird. Mit etwas Übung können Ziegelsteine aufgemalt werden. Auf die Eier paßt auch ein Dach. Dazu einen Halbkreis zu einem Hütchen zusammenkleben und auf das Ei setzen. Anstatt mit Papier lassen sich die Eier auch mit Wachsplatten bekleben.

So ein Eierhäuschen ist schnell gemacht. Auf ein gefärbtes oder bemaltes Ei Fenster und Tür aufkleben und bemalen. Aus einem gefalteten Stück Tonpapier das Dach schneiden und aufkleben.

KUNTERBUNTE OSTEREIER

Bedruckte Eier

Die Eier werden mit kleinen Kartoffelstückchen in bunten Farben bestempelt.

Durch Reihen, Streuen, Gruppieren und Überlagern von Stempelabdrucken erproben die Kinder Möglichkeiten der Flächenaufteilung und experimentieren mit Farbwirkungen. Der vorsichtige Umgang mit dem Stempel und der Eierschale schult die Feinmotorik.

So wird's gemacht:

1. Schneide aus einer Kartoffel kleine Stempel aus. Wichtig ist dabei, daß sie nach Möglichkeit nicht zu groß werden. Ein Stempel muß mehrmals auf die gerundete Eierschale passen.

2. Für diese schnelle Verzierung eignen sich gekochte und ausgeblasene Eier. Die Eierschale kann weiß oder braun bleiben. Eine helle Bemalung oder eine gefärbte Schale wirken auch gut. Den Kartoffelstempel mit einem Küchentuch abtrocknen und mit wenig Farbe bestreichen. Den Stempel auf einer Zeitung einmal abdrucken. Jetzt die Eierschale damit bestempeln.

Die Druckfläche dabei leicht auf der Schale abrollen. Ausgeblasene Eier dazu auf ein Holzstäbchen stecken. Gekochte Eier oben und unten vorsichtig mit zwei Fingern halten.

Vorsicht, der Stempel rutscht bei zuviel Farbe leicht ab. Drucke zuerst die größeren Formen auf und fülle mit kleinen Mustern dazwischen auf.

3. Die Schale bekommt einen schönen Glanz, wenn du sie mit etwas Fett oder Speck einreibst.

So verzierst du:

Am einfachsten sind Streumuster aufzudrucken. Dazu drei bis vier Stempelformen über die Eierschale verteilen. Nach etwas Übung können Kreis- oder Streifenmuster sauber aufgedruckt werden. Verwende für die einzelnen Musterreihen immer eine andere Farbe und wechsle auch bei der Stempelform ab.

Besonders künstlerisch wirken die Eier, wenn die einzelnen Drucke noch mit einem schwarzen Filz- oder Buntstift umrandet werden.

Du brauchst:
**gekochte oder ausgeblasene Eier
Kartoffel
Küchenmesser
Küchentuch
Malkasten oder Plakafarben
Pinsel
Holzstäbchen mit Gummiring
Faden und Streichhölzer zum Aufhängen**

Aus der Kartoffel kleine Dreiecke, Punkte oder längliche Formen schneiden. Die Schnittflächen mit wenig Farbe bestreichen und bunte Muster auf die Eierschale stempeln.

KUNTERBUNTE OSTEREIER

Bevor die Kinder mit Papier, Farbe und Federn die Eier gestalten, werden die typischen Merkmale dieser beiden Figuren herausgestellt. Bei dieser Arbeit können die Kinder die Teile auch ganz nach ihren Vorstellungen ausschneiden und anordnen.

Du brauchst:
*gekochte oder ausgeblasene Eier
Malkasten oder Eierfarben
weißen Farbstift
Filz- oder Buntstifte
Tonpapier
kleine Federn
Butterbrotpapier
Klebstoff
Bleistift
Schere
Holzstäbchen mit Gummiring
Streichhölzer und Faden zum Aufhängen
Papprolle
Sägemesser*

Eierhasen und Eierhühner

Die Hühner zieren mit den Hasen den Osterstrauß oder sitzen darunter im Nest.

So wird's gemacht:

1. Bemale oder färbe die Eier für die Hasen, für die Hühner können sie weiß bleiben.
2. Übertrage die Vorlagen für die Hasenohren und die Teile für das Huhn aus dem Buch zunächst auf Butterbrotpapier.
3. Für die Hasenohren das Tonpapier in der Mitte falten. Zeichne ein Hasenohr. Schneide es im Faltschnitt doppelt aus.
4. Die Ohren innen mit weißem Stift bemalen oder bekleben. Knicke sie dann unten an der Markierung um und klebe sie auf den Eierkopf. Vorne zwei weiße Augenpunkte malen oder kleben. Mit schwarzem Filz- oder Buntstift anschließend die Augen umranden und innen ausmalen. Zum Schluß Nase und Mund zeichnen und einige Barthaare aus Wolle oder Papierstreifen ankleben.
5. Für die Hennen Schnabel, Kamm und Bein aus gefaltetem Tonpapier ausschneiden. Den Kamm an der Markierung einschneiden und die Klebeflächen auseinanderbiegen. Den Schnabel in der Mitte falten und die Beine oben abknicken.
6. Den Kamm auf das Ei kleben. Der Aufhängefaden sollte zwischen den Klebeflächen herauskommen. Beine und Schnabel ankleben. Augen aufmalen oder Locherpunkte aufkleben. Den Schwanz und die Flügel aus kleinen Federn ankleben.
7. Die Kopfvorlage für die Hühner auf Tonpapier übertragen, ausschneiden und mit Augen, Schnabel und Kamm bemalen. Die Klebemarkierungen einschneiden und umknicken.
8. Für das Nest ein etwa 4 cm hohes Stück von einer Toilettenpapierrolle abschneiden. Am besten geht das mit dem Sägemesser. Laß dir von einem Erwachsenen helfen. Klebe einen breiteren grünen Papierstreifen um die Rolle und schneide oben Grasfransen ein.
9. Ein Ei länglich auf das Nest kleben. An der runden Eiseite den Kopf ankleben. Flügel und Schwanz bestehen aus Federn.

So verzierst du:

Ebenso kann man einen Hahn und Küken basteln. Statt der Federn können die Flügel und der Schwanz auch aus Tonpapierteilen angeklebt werden.

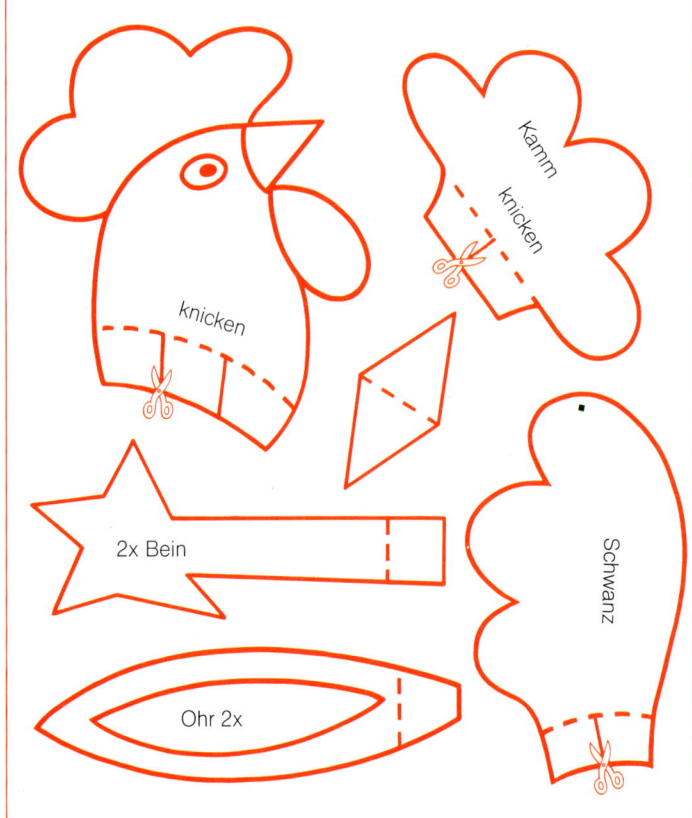

KUNTERBUNTE OSTEREIER

Diese beiden Figuren sind schnell gebastelt. Die Hasenohren und die Teile für das Huhn werden aus Tonpapier ausgeschnitten und aufgeklebt. Augen aufmalen und bei den Hühnern Federn aufkleben. Die Hennen im Nest sitzen auf einer verkleideten Papprolle.

KUNTERBUNTE OSTEREIER

Phantasievolle Eiertiere und Eierfrüchte

Die Kinder verwandeln die Eiform in eine neue Figur. Typische Merkmale dieser Tiere oder Früchte werden herausgestellt und aus Papier oder anderen Materialien angeklebt.

Hast du schon mal einen Eierigel, ein Dino-Ei oder ein Erdbeer-Ei gesehen?

Du brauchst:
ausgeblasene Eier
Watte- oder Plastik-
 Eier
Holzstäbchen mit
 Gummiring
Malkasten oder Plakafarben
Filz- oder Buntstifte
Seidenpapier
Tonpapierreste
Paketschnur
Federn
kleine Holzperlen
Bleistift
Schere
Butterbrotpapier

So wird's gemacht:

Eiertiere

1. Stecke die Eier auf ein Holzstäbchen und bemale sie in der entsprechenden Farbe. So entsteht der Dino aus einem grünen, der Käfer aus einem schwarzen und die Biene aus einem gelben Ei. Nachdem die Farbe trocken ist, malst du weitere Muster, Federn, Punkte oder Streifen auf. Bei dem Pinguin braucht man nur einen Teil des Eis schwarz bemalen.
2. Jetzt können die Eier beklebt werden. Zeichne die gewünschten Vorlagen aus dem Buch auf Butterbrotpapier. Anschließend drückst du sie auf farblich passendes Tonpapier durch. Schneide die Teile aus und knicke markierte Klebestellen um. Einfache Formen erfindest du selbst.
3. Halte die Teile zunächst probeweise an das Ei. Wenn die Stelle paßt, für das entprechende Tier Flügel, Beine, Ohren, Flossen oder Kopf ankleben. Die Igelstacheln bestehen aus kleinen Paketschnurstückchen.
4. Auch diese angeklebten Teile können bemalt werden. Jetzt bekommen die Tiere noch lustige Gesichter. Für die Augen zuerst zwei weiße Punkte aufmalen. Nach dem Trocknen mit Filz- oder Buntstift umranden und in das Augeninnere einen schwarzen Punkt malen.
Wer nicht malen will, klebt zwei Locherpunkte für die Augen auf. Mund und Nase mit Filz- oder Buntstift einzeichnen.

Früchte-Eier

1. Die Eier in der jeweiligen Fruchtfarbe bemalen. Für das Pflaumen-Ei ein Violettblau mischen. Das Zitronen-Ei in einem hellen Gelb bemalen. Nach dem Trocknen mit einem Holzstäbchen hellgrüne Punkte auftupfen. Bei den Erdbeer-Eiern zusätzlich kleine Striche mit einem Filz- oder Buntstift oder einem dünnen Pinsel auftragen.
2. Zeichne auf grünes Tonpapier die entsprechende Blattform, oder verwende die Buchvorlage. Schneide die Blätter aus. Bei den Erdbeerblättern am Rand noch kleine Zacken einschneiden. Mit dem Buntstift Blattadern aufzeichnen. Manche Blätter in der Mitte leicht knicken.

Bei diesen delikaten Früchte-Eiern handelt es sich wohl um ganz neue Züchtungen.

KUNTERBUNTE OSTEREIER

Mit etwas Farbe und aufgeklebtem Papier verwandelst du diese Eier in lustige Tiere.

3. Klebe an jede Eierfrucht ein oder zwei Blätter. Am besten wirken sie, wenn du sie um das runde Ende des Eis plazierst. Für einen Stiel wurde ein Stück grünes Seidenpapier gedreht und in die Öffnung des Eis geklebt.

Ideen fürs Gestalten:

Bei den Eiertieren eignen sich Beine und Fühler aus Pfeifenputzerdraht. Perlen können als Nase oder Augen angeklebt werden. Für kleine Tiere verwendet man Watte-Eier.
Wer will, der hängt manche Tiere an den gut angeklebten Papierteilen auf. Maus, Käfer oder Igel passen auch gut zwischen Zimmerpflanzen. Eine andere Dekorationsmöglichkeit sind überklebte Papprollen. Stelle diese in unterschiedlicher Höhe auf und setze die Eierteile auf die Rolle. Ein ausgefallener Osterschmuck sind mit Sicherheit die Früchte-Eier in einer Obstschale oder an einen Birkenzweig gehängt.

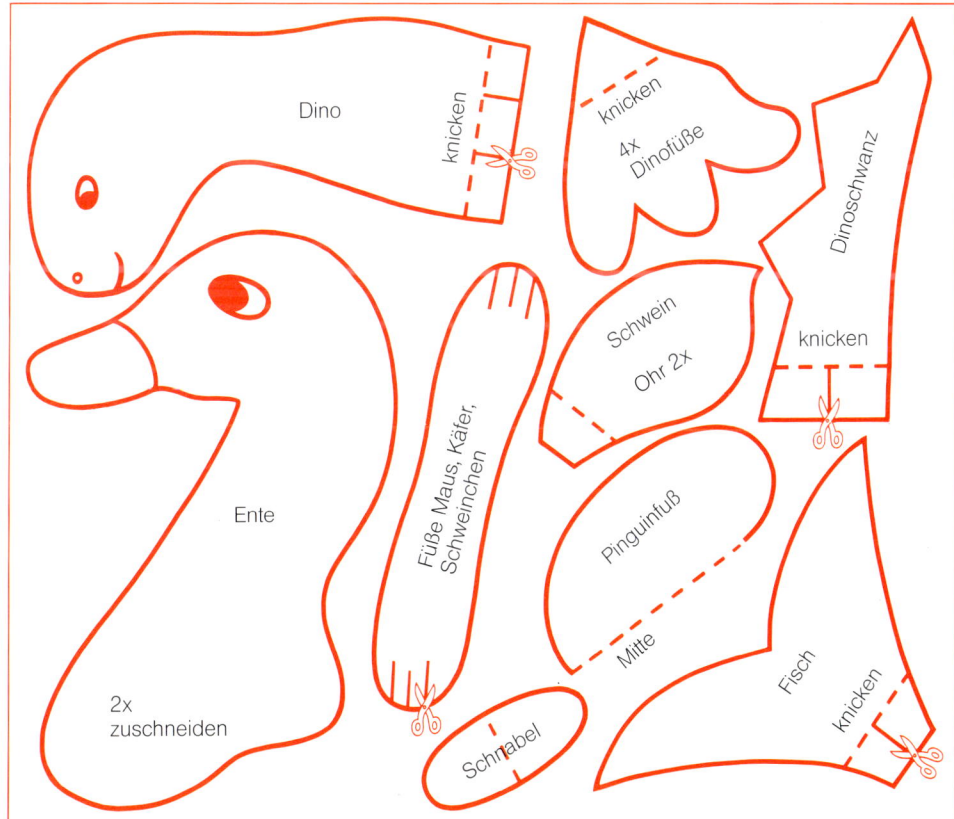

KUNTERBUNTE OSTEREIER

Die Kinder erkennen Gestaltungsmöglichkeiten aus Materialresten. Sie versuchen, mit kleinen Spitzenteilen die Eierschale flächenhaft zu verzieren und finden dabei immer neue Anordnungsmöglichkeiten.

Du brauchst:
*ausgeblasene, gefärbte oder bemalte Eier
Spitzen- und Bordürenreste oder Tortenspitzen
schmale Geschenkbänder
Schere
Klebstoff
Holzstäbchen, Durchmesser 3 mm*

Spitzen-Eier

Eier lassen sich edel verzieren mit Material aus der Restekiste.

So wird's gemacht:

1. Aus Spitzenresten einige Blumen oder andere Formen ausschneiden. Die Teile dürfen nicht zu groß sein, sonst gibt es beim Kleben Wellen.

2. Ordne die Spitzenreste vor dem Kleben am Ei an.

So verzierst du:

Die Spitzen-Eier kann man aufhängen oder an einen Holzstab stecken und mit Bändern schmücken. Eine ideale Verzierung sind Tortenspitzen. Daraus kleine Blümchen und Ranken ausschneiden. Bunt wird es mit Stoffblümchen, die aus Stoffresten ausgeschnitten werden.

Aus Spitzenresten hübsche Teile ausschneiden und auf die Eierschale kleben. Diese Eier können aufgehängt oder auf ein Holzstäbchen gesteckt werden.

KUNTERBUNTE OSTEREIER

Nougat-Eier in zarten Hüllen

Diese Eier verbergen eine süße Überraschung.

Die Freude am Schenken, noch dazu, wenn das Geschenk selbstgemacht ist, stellt eine besondere Motivation bei der Herstellung und Verpackung der Nougat-Eier dar.

So wird's gemacht:

1. Die Eier ausblasen. Am runden Ende eine etwas größere Öffnung aufbrechen. Die Schale von innen mit Wasser spülen und gut trocknen lassen.

2. Das Kännchen mit den Nougat-Stückchen zum Schmelzen ins Wasserbad stellen. Es darf dabei kein Wasser ins Nougat gelangen, sonst klumpt die Masse.

3. Inzwischen Tütchen zum Einfüllen formen. Mehrere Bögen Butterbrotpapier aufeinander legen. Mit einer Untertasse einen Kreis aufzeichnen und ausschneiden. Die Kreise in der Mitte halbieren. Jeden halben Kreis zu einem spitzen Tütchen rollen und mit Klebestreifen zusammenkleben. Die Spitze unten etwas abschneiden.

4. Die untere Öffnung der Eierschale mit einem Klebestreifen verschließen. Die Eier in den Karton stellen und die Tüte in die obere Schalenöffnung stecken. Gieße das flüssige Nougat ein. Auf die obere Öffnung ein Stück Butterbrotpapier drücken. Das Nougat im Kühlschrank fest werden lassen.

So verzierst du:

Da diese Nougat-Eier geschält werden, sollte man eine einfache Verzierung wählen. Bedrucke die Schale mit Kartoffelstempeln oder als Sprenkel-Eier, wie es auf Seite 104 beschrieben ist. Ostergrüße oder Namen schreibt man am besten mit dem Filzstift auf die Schale.
Nun hüllt man die Eier in Tüll. Oben mit Bindedraht verschließen und mit einem passenden Bändchen verzieren. Zusätzlich können noch kleine Federn, Perlen oder Blümchen in die Schleife gesteckt werden. Für farbige Eier eignet sich auch ein weißer Gardinenrest.

Du brauchst:
100 g Nougat für ein Ei
ausgeblasene Eier
Butterbrotpapier
Klebestreifen
Bleistift
Schere
Untertasse
Tiegel
kleines Messer
Gießkännchen
Eierkarton

zur Verpackung:
Tüllstücke
Spitzenreste
Seidenpapier
Gardinenreste
Schleifen
Federn
kleine Samtblüten
Perlen
Klebstoff
Bindedraht

Diese interessanten Verpackungen (oben) eignen sich nicht nur für Nougat-Eier. Auch kleine Schoko-Eier oder gekochte Eier können als Mitbringsel so eingebunden werden.

Nougat gibt es in Lebensmittelgeschäften oder beim Bäcker zu kaufen. Ebenso kann flüssige Schokolade in die Eier gegossen werden. Wer will, der gibt noch einige Mandelstifte oder Rosinen dazu.

OSTERNESTER

OSTERNESTER

Hase und Lamm als Osternest

Ausschneiden, bemalen und falten – fertig ist das Nest.

Die Kinder üben den sachgerechten Umgang mit der Schere beim Schneiden von Bögen und Ecken. Am besten läßt man Kinder an einem Probestück die Falttechnik für die Nester entdecken.

So wird's gemacht:

1. Falte das Butterbrotpapier doppelt. Die Faltkante an die Bodenmitte der Buchvorlage von Seite 118 und 119 anlegen und die Figurenhälfte durchzeichnen. Die Schablone im Faltschnitt ausschneiden und aufklappen. Wenn du davon mehrere Nester machen willst, die Hasen- oder Lammform auf dünnen Karton kleben und ausschneiden.

2. Jetzt kannst du die Kartonschablone auf Tonpapier legen und die Umrisse nachzeichnen. So lassen sich gleich mehrere Nester auf einmal herstellen.

3. Schneide die Hasen- und Lammnester sorgfältig aus. Für das Lamm noch zwei Ohren extra ausschneiden.

4. Jetzt die Tiere auf einer Seite bemalen. Für die Hasenaugen weiße Punkte aufkleben oder mit einem weißen Stift aufmalen. Mit einem schwarzen Filz- oder Buntstift das Auge umranden und innen einen schwarzen Punkt einzeichnen. Dem Hasen eine hübsche Schnauze malen. Da es ein Hockelhase ist, sitzt er im Gras. Beim Lamm an den äußeren Rändern kleine Bögen herausschneiden, dadurch erhält es ein welliges Fell. Zusätzlich noch kleine hellgraue Locken aufmalen. Verwende dazu wenig Wasserfarbe und einen dünnen Pinsel. Die Ohren auch bemalen und seitlich am Kopf ankleben. Nach dem Trocknen leicht nach außen biegen.

Das Lamm sitzt auch in der Wiese und sieht hübsch aus mit seinen schwarzen Augen und der rosa Schnauze. Besonders stolz ist es auf seine rote Halsschleife.

5. Drehe die Tiere um, mit der Innenseite nach oben. Falte die seitlichen Bögen nach innen. Ebenso an der Bodenkante jede Tierhälfte abwechselnd nach innen falten.

6. Stelle den Hasen oder das Lamm auf und klebe vorn und hinten die zwei kleinen Bögen an die größere Rundung des Bodens. Gedulde dich etwas, bis der Klebstoff getrocknet ist.

So verzierst du:

Bastle diese Hasen in bunten Farben. Natürlich gibt es auch solche mit gefleckten Fell. Die Graswiese für den Hasen oder das Lamm kann auch aus einem schmalen Streifen Tonpapier geschnitten werden. Schreibe auf kleine Tonpapier-Eier einen Namen oder Ostergruß und klebe sie vorne an die Bögen.
Wenn du für das Lamm kein stärkeres weißes Papier bekommst, beklebe Tonpapier mit zwei weißen Schreibblättern. Oft eignet sich auch die Rückseite von Kalenderblättern.
Verstecke dein Nest im Garten und markiere dem Osterhasen den Weg zum Nest, zum Beispiel mit kleinen Papier-Eiern. Jetzt findet er sicher das Nest und kann die Osterüberraschungen hineinlegen.

Du brauchst:
Tonpapier, DIN A4, und stärkeres weißes Papier
dünnen Karton
Malkasten
Butterbrotpapier
Bunt- und Filzstifte
weißen Stift
Schere
schmales Bändchen
Klebstoff

Die Schablone für die Osternester auf Tonpapier übertragen. Den Hasen oder das Lamm ausschneiden. Nach dem Bemalen die Nester an den Faltkanten abknicken und zusammenkleben. Die Vorlagen für Hase und Lamm findest du auf den Seiten 118 und 119.

117

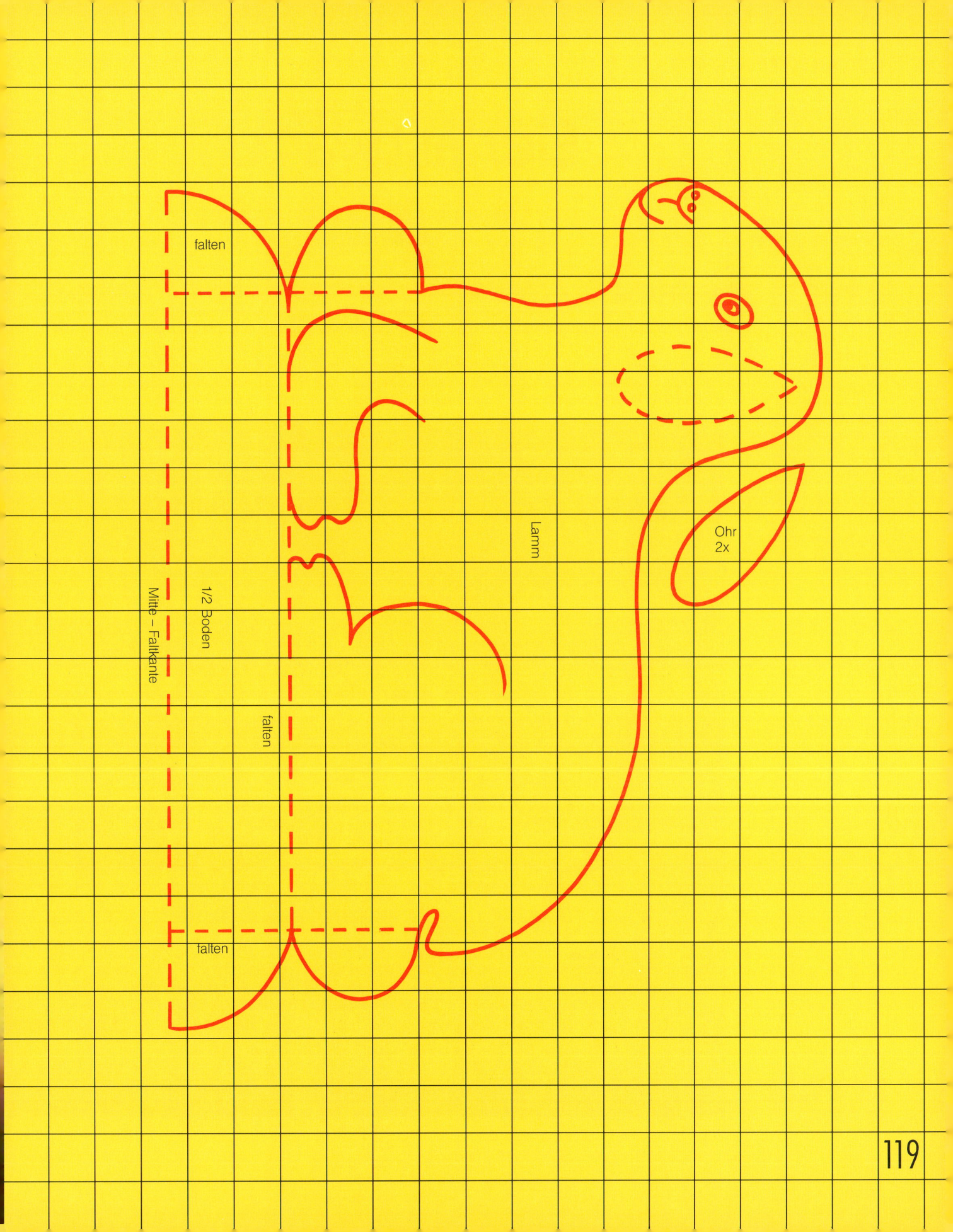

OSTERNESTER

Eierlastwagen

Jeder Wagen transportiert ein leckeres Osternest.

Die Kinder bauen aus Verpackungsmaterial Spielsachen und geben ihm dadurch eine andere Funktion.

Du brauchst:
*Unterteile von Eierkartons
kleine Schachteln
4 Holzspieße
4 Holzräder mit 5 cm Durchmesser und 4 mm Bohrung
schnelltrocknenden Holzleim
Dispersionsfarben
Pinsel
Schere
dicke Nadel
Lineal
Bunt- und Filzstifte
starke Wolle oder Schnur*

So wird's gemacht:

1. Am Unterteil des Eierkartons, an den beiden vorderen und hinteren Eierhaltern, mit der Nadel die Löcher für die Achsenstäbe vorstechen. Diese Markierungen sollten etwa 1 cm über dem Kartonboden liegen.
2. Die beiden Holzspieße als Radachse möglichst gerade durch diese Löcher stecken.
3. Stecke die vier Räder auf und versuche, ob der Wagen auch rollt. Wenn der Eierkarton am Boden schleift, müssen die Holzstäbe weiter unten durch die Eierhalter gesteckt werden.
4. Die Holzstäbe müssen auf etwa 16 cm Länge mit der Schere abgezwickt werden. Auf jeder

Aus Eierkartons baust du dir ein fahrendes Osternest.

OSTERNESTER

Wagenseite soll ein gleich langes Stück herausstehen.

5. Die Räder aufstecken. An die Spitze der Stäbe etwas Holzleim tropfen und die Holzkugeln dort aufstecken. Statt der Kugeln kannst du auch Korkscheiben verwenden. Laß dir beim Schneiden dieser Korkstückchen helfen. Jetzt können die Räder nicht mehr abrutschen. Aber Vorsicht, es darf kein Holzleim zwischen die Räder kommen, sonst kleben sie fest.

6. Bis der Leim getrocknet ist, befestigst du vorne an der Kante

des Eierkartons einen langen starken Faden. Stich mit Hilfe der Nadel das Loch vor.

7. So wird aus dem Wagen ein Laster: Innen eine Spitze des Eierkartons abschneiden. Diese Stelle ergibt den Platz für das Fahrerhäuschen. Suche dir kleine flache und höhere Schachteln. Frage in Drogerien und Parfümerien nach solchen Verpackungen. Setze nun die Schachteln probeweise auf den Eierkarton. Sobald zwei in der Höhe und Breite für ein Fahrerhäuschen zusammenpassen, kannst du beide mit kräftigen Farben bemalen. Eine andere Möglichkeit wäre es, die Schachteln in einfarbigem Papier wie Geschenke zu verpacken. Anschließend beide Schachteln zusammenkleben. Die Fenster aus Papier aufkleben oder mit einer hellblauen Farbe aufmalen. Wer will, zeichnet noch zwei LKW-Fahrer auf die Fensterscheiben. Die Scheinwerfer und Wagentüren nicht vergessen.

8. Klebe die Schachteln als Fahrerhäuschen auf die vorgesehene Stelle am Eierkarton. Bestreiche dazu die Stellen mit Klebstoff, an denen sich der Eierkarton mit der Schachtel berührt. Warten bis der Klebstoff getrocknet ist, dann kann der Laster zum Beladen fahren.

So verzierst du:

Gefällt dir die Farbe des Eierkartons nicht, bemale ihn mit Dispersionsfarbe. Aus den Verschlußlaschen der Eierkartons lassen sich tolle Rücklichter und Scheinwerfer basteln. Dazu die Verschlußkappen abschneiden, vorn an den Eierkarton halten und auf diese Breite zuschneiden. Die Erhebungen werden als Leuchten bemalt. Diese Teile an die vordere und hintere Kante des Eierkartons kleben.

Am Unterteil des Eierkartons zwei Holzspieße als Radachsen durchstechen. Die Räder anstecken. Vor den Rädern eine Holzkugel oder eine Korkscheibe festkleben. Für die Lastwagen eine innere Eierkartonspitze abschneiden, damit das Fahrerhaus aus kleinen Schachteln aufgeklebt werden kann. Eine Schnur durch die vordere Kante des Eierkartons fädeln, und schon läßt sich das rollende Osternest ziehen.

OSTERNESTER

Die Kinder erproben durch Falten und Hinzufügen von vorgefertigten Materialien Möglichkeiten der Stabilitätsverbesserung von Papier. Die Ausgestaltung bleibt völlig der kindlichen Fantasie überlassen.

Du brauchst:
Tonpapier, DIN A4
dünnen Karton
Buntstifte
weißen Stift
Schere
Klebstoff
Papierrollen
Butterbrotpapier

Die Vorlage für die Körbchen findest du auf Seite 124. Fertige dir davon eine Schablone aus Karton an. Diese kannst du dann immer wieder verwenden. Die Schablone auf Tonpapier übertragen. Das Körbchen ausschneiden und zusammenstecken. Der Hase bekommt einen Rucksack aus einer verkleideten Papprolle hinten angeklebt.

Rucksackhasen und Osterkörbchen

Zwei Verstecke für Osterüberraschungen.

So wird's gemacht:

Gefaltetes Osterkörbchen

1. Übertrage die Körbchenvorlage auf Butterbrotpapier. Das Butterbrotpapier auf den Karton kleben. Die Körbchenschablone ausschneiden. Für die beiden Einsteckschlitze mit der Schere einstechen und der Markierung entlang schneiden. Die vier Einschnitte an den schmalen Körbchenseiten nicht vergessen.

2. Lege die Schablone auf das Tonpapier und zeichne den äußeren Rand, die Einschnitte und die Schlitze ab.

3. Die aufgefaltete Körbchenform sorgfältig ausschneiden. Wer will, schneidet in den äußeren Rand noch kleine Bögen oder Zacken.

4. Alle vier Körbchenseiten nach oben falten. Die Einschnitte dienen als Maß für die Breite der Körbchenseiten. Die vier Rundungen in die Schlitze stecken. Es entstehen dabei leicht abgerundete Ecken. Drücke diese mit zwei Fingern zu Kanten.

5. Für den Henkel einen Tonpapierstreifen von 2 cm Breite und 25 cm Länge zuschneiden und ankleben.

Rucksackhasen

1. Die Hasenvorlage von Seite 124 auf Butterbrotpapier zeichnen. Diese Zeichnung auf dünnen Karton kleben und ausschneiden. Jetzt kannst du die Schablone öfter verwenden.

2. Lege die Schablone auf Tonpapier und zeichne die Ränder nach. Den Hasen ausschneiden. Mit einem weißen Stift die Augen, das Innere der Ohren und die Fellhaare aufmalen. Die Augen mit einem braunen Bunt- oder Filzstift umranden.

3. Eine Papprolle auf eine Höhe von ungefähr 7 cm zuschneiden. Einen etwa 16 cm langen Papierstreifen mit der gleichen Höhe vorbereiten. Diesen Papierstreifen um die Rolle kleben. Damit beim Rucksack unten nichts durchfällt, einen Tonpapierkreis ankleben.

4. Klebe den Rucksack auf die Rückseite des Hasen. Beide Teile müssen gut stehen. Als Träger schmale Papierstreifen um die Hasenpfoten biegen und am Rucksack ankleben.

So verzierst du:

Die Körbchen können noch mit bemalten Schmetterlingen oder kleinen Eiern beklebt werden. Schreibe auf diese Verzierungen den Namen und liebe Ostergrüße. Toll wirken aufgeklebte Figuren, Köpfe oder Blumen aus Zeitschriften, Karten und Fotos. Statt des Namens klebt man einfach einen Fotoausschnitt auf.

OSTERNESTER

OSTERNESTER

Tulpenkörbchen

Eine bunte Frühlingswiese schmückt das ganze Körbchen.

Die Kinder können nach eigenen Vorstellungen Tulpen- und Blätterformen schneiden und aufkleben.

Du brauchst:
kleines Körbchen oder Obstschachtel
Ton- und Schreibpapier
Schere
Bleistift
Klebstoff

So wird's gemacht:

1. Schneide dir aus Tonpapier in unterschiedlichen Grüntönen runde, längliche, spitze und gebogene Blätter aus. Die größten Blätter sollten etwa 2 cm höher sein als die Schachtel oder das Körbchen.

2. Zeichne dir verschiedene Tulpenköpfe oder Krokusse auf zweimal gefaltetes Tonpapier. So schneidest du gleich mehrere Blumen von einer Sorte aus. Für die weißen Schneeglöckchen eignet sich Schreibpapier.

3. Klebe die Blätter an die Schachtel. Ordne die Blüten zwischen den Blättern an. Schön ist es, wenn mehrere Blüten von einer Sorte zusammenstehen.

4. Jetzt noch Schmetterlinge an den oberen Rand oder an den Henkel kleben. Für jeden Schmetterling zwei Kreise in Tassengröße ausschneiden und wie eine Ziehharmonika falten. Die gefalteten Streifen etwas neben der Mitte knicken. Diese zwei Flügelpaare an der Knickstelle zusammenkleben. Achte darauf, daß die großen und die kleinen Flügelpaare nebeneinanderliegen. Einen Streifen dunkles Tonpapier längs falten. An diese Faltkante einen halben Schmetterlingskörper aufzeichnen und ausschneiden. Den Körper in der Mitte über die Flügel kleben.

So verzierst du:

Die Wiese wirkt lebendiger, wenn man einige Blätter in der Mitte abknickt und sie an dieser Stelle anklebt. Selbstverständlich können in der Wiese auch eigene Blumenzüchtungen wachsen.

Tulpen und andere Frühlingsblumen aus Tonpapier ausschneiden. Erfinde verschiedene Blätter und klebe alle Teile um ein Körbchen oder eine Schachtel. Über der Wiese flattern noch einige Schmetterlinge. Ihre Flügel sind aus zwei Kreisen wie eine Ziehharmonika gefaltet, geknickt und zusammengeklebt.

OSTERNESTER

OSTERNESTER

Nester aus Gras und Blättern

In diese Nester legt der Osterhase gerne seine Geschenke.

So wird's gemacht:

Blätterkranz

1. Vom Gärtner vier Salall- oder ähnliche Zweige kaufen. Vielleicht bekommst du auch kleine Reststücke geschenkt. Natürlich können auch unterschiedliche Blätter verwendet werden.
2. Lege die Zweige zunächst probeweise auf den Heukranz. Wenn dir die Anordnung gefällt, stecke sie mit Strohblumen-Nadeln oder Drahtbögen fest. Befestige immer zuerst das Stielende am Kranz. Stark abstehende Blätter in die gewünschte Form legen und am Stiel feststecken.
3. Man kann unter das Nest ein Stück Karton kleben oder es auf einen Teller legen.

Grasnest

1. Von einem großen Bündel Bärengras einige Gräser herausziehen und am Ende mit Bindedraht umwickeln. Das dickere Grasbündel zu einem Ring drehen und mit dem Draht zusammenhalten. Es darf dabei ein langes Stück der Grasenden überstehen.
2. Das kleine Grasbündel darüberkleben und andrahten. Abstehende Grasspitzen mit dem Bindedraht am Nestrand befestigen.
3. Heu oder Ostergras in das Nest legen. Einen Pappteller oder Kartonkreis darunterkleben.

Blätterkästchen

1. Suche dir immergrüne Blätter, zum Beispiel von einem Magnolien- oder einem Rhododendronstrauch. Reiße keine frischen Triebe ab. Auch Lorbeer- und Skimmienblätter eignen sich.
2. Klebe die Blätter um die Schachtel und schneide sie unten gerade zu.
3. Ein Stück Naturbast hält die Blätter zusätzlich zusammen.

So verzierst du:

Wer will, steckt passende Schleifen zwischen den Blätterkranz. Naturbast gibt es in Baumärkten zu kaufen und paßt gut zu den grünen Blättern. Nestformen aus Birkenzweigen oder Efeuranken sehen auch gut aus.

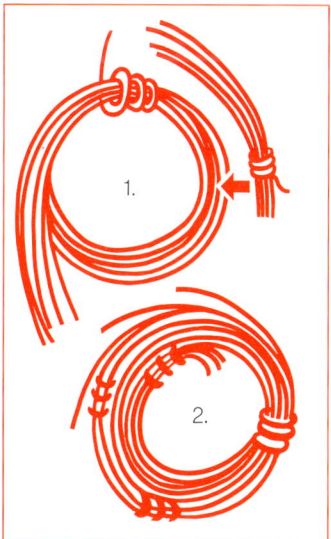

Bei der Materialsuche kann man an das Umweltbewußtsein der Kinder appellieren. Nach Blätter- und Zweigresten beim Gärtner fragen. Immergrüne Blätter ganz gezielt sammeln und nicht wahllos abreißen.

Du brauchst:
Schere
Pappteller oder Karton

für den Blätterkranz:
4 Salall- oder ähnliche Zweige
Strohkranz
Strohblumen-Nadeln

für das Grasnest:
großes Bündel Bärengras
Bindedraht

für das Blätterkästchen:
kleine Schachteln
immergrüne Blätter
Naturbast

Für die Blätterkästchen immergrüne Blätter um eine Schachtel kleben. Das große Nest besteht aus einem Strohkranz, auf den Salallzweige aufgesteckt wurden. Aus einem Bündel Bärengras läßt sich schnell ein Osternest drehen. Anschließend den Kranz auf einen Teller legen und innen mit Heu auffüllen.

So wird das Grasnest aus einem großen und einem kleinen Bündel Bärengras gedreht und verdrahtet.

127

OSTERNESTER

Die Kinder erlernen die Technik des Flechtens. Kleinere Kinder sollten mit vorgeschnittenen Tonpapierstreifen arbeiten.

Du brauchst:
2 verschiedenfarbige Ramiebänder, 2 cm breit
runde Käseschachtel oder viereckige Schachtel
Lineal
Schere
Klebstoff
Tonpapier

Flechtkörbchen

Wenn du zwei verschiedene Farbbänder verwendest, entsteht dieses würfelartige Muster.

So wird's gemacht:

1. Schneide dir 14 Ramiebandstreifen in der Länge von 15 cm zu. Im Band sind oft Bögen, die durch das Aufwickeln entstanden sind. Ziehe deshalb die Stücke über eine Tischkante glatt. Knicke ungefähr 2 cm an einem Bandende um. Klebe diese abgeknickten Enden unten um die Käseschachtel. Wenn du eine große Schachtel hast, brauchst du mehr solcher Bandstücke. Wichtig ist, daß man immer eine gerade Zahl von Streifen aufklebt.

2. Schneide dir in der Größe der Käseschachtel einen 6 cm breiten Tonpapierstreifen. Biege dazu das Tonpapier um den Schachtelrand und schneide das Papier mit einer Klebezugabe etwas länger zu. In der gleichen Länge drei Ramiebänder vorbereiten. Klebe das Tonpapier innen am Schachtelrand zu einer runden Wand.

3. Biege die am Boden angeklebten Ramiebänder nach oben und flechte die drei anderen Bänder ein. Die erste Flechtrunde geht so: Ein Bandende unter einem stehenden Ramieband am Tonpapier festkleben. Ziehe jetzt dieses Band einmal über und einmal unter den stehenden Bändern durch, bis du wieder am Anfang angekommen bist. Die erste geflochtene Runde nach unten schieben und das Ende gut festkleben. Sollte das Band leicht hochrutschen, mußt du es schon während des Flechtens öfter ankleben.

Für die zweite Flechtrunde an der gleichen Stelle beginnen. Beachte: Den Anfang des Bandes jetzt auf das stehende Band kleben. Wo das Band vorher darüberging, kommt es nun darun-

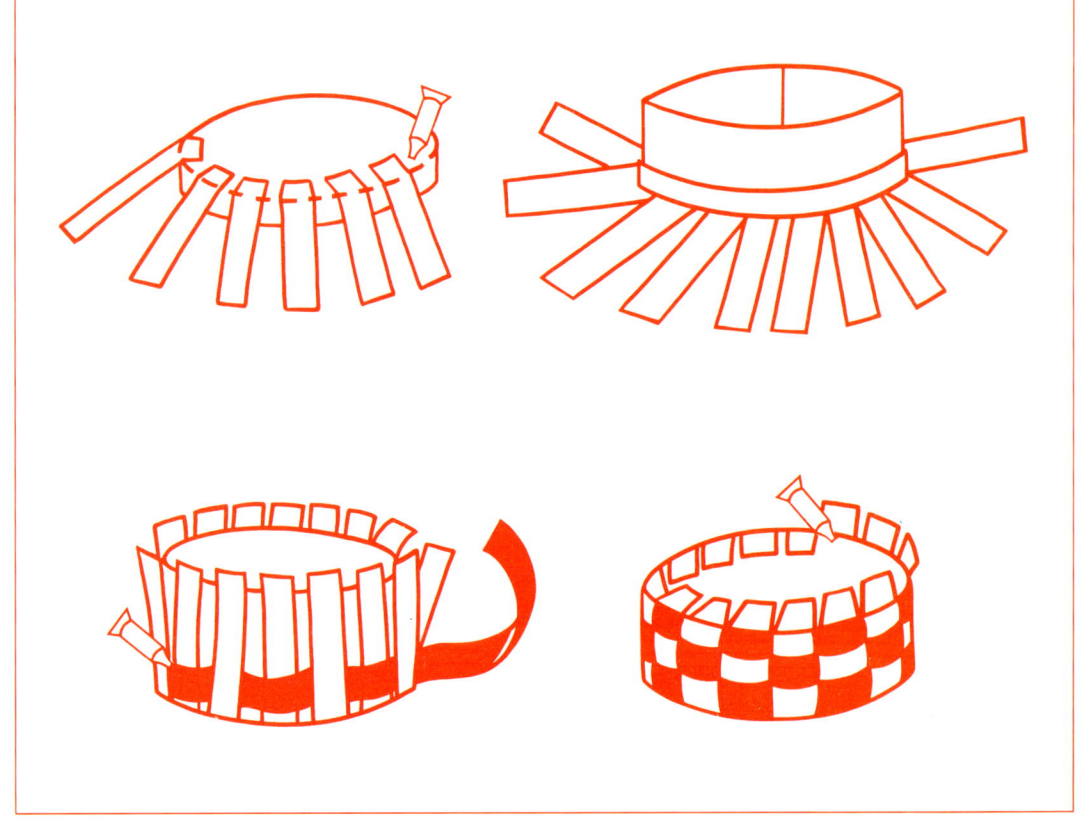

Ramieband oder Papierstreifen unten an die Schachtel kleben und hochbiegen. Drei Bänder, die etwas länger als der Schachtelumfang sind, zuschneiden. Jedes Band einmal über und einmal unter den stehenden Streifen durchflechten. Die Enden gut verkleben. Beim zweiten Band versetzt arbeiten. Den oberen Rand zuschneiden, nach innen knicken und festkleben.

OSTERNESTER

ter, und wo es unter dem Streifen verschwand, dort geht es jetzt darüber.

Die dritte Runde genau wie die erste flechten.

4. Für den Körbchenrand alle stehenden Bänder auf 2 cm gleich lang zuschneiden. Den inneren Rand mit Klebstoff bestreichen und diesen etwas anziehen lassen. Die Streifen umknicken und festkleben.

5. Aus einem 23 cm langen Ramiebandstreifen einen Henkel ankleben. Um die umgeknickten Enden innen zu verdecken, den Henkel mit einem Ramieband überkleben. Einen Papierkreis in Größe der Käseschachtel ausschneiden und auf den Schachtelboden kleben.

Ideen fürs Gestalten:

Natürlich läßt sich eine viereckige Schachtel genauso umflechten. Für drei Flechtrunden sollte die Schachtelhöhe etwa 6 cm betragen. Höhere Schachteln abschneiden, in niedrigere eine Wand aus Tonpapierstreifen einkleben.

Auf jede Schachtelseite eine gerade Zahl an stehenden Ramiebandstreifen kleben. Beim Flechten das Band um die Ecken knicken. An jeder Seite mindestens einmal festkleben.

Ein hübsches Würfelmuster entsteht, wenn man zwei verschiedene Streifenfarben verwendet. Bei einem 1 cm breiten Ramieband müssen zwei Runden mehr geflochten werden.

Für kleinere Kinder sind vorher zugeschnittene Tonpapierstreifen sehr viel leichter zu flechten. Hier kann auch die Tonpapierwand entfallen.

Auch Pack- oder Geschenkpapierstreifen eigenen sich. Nur sollte hier die doppelte Breite, also 4 cm, zugeschnitten werden. Diese Streifen auf 2 cm längsfalten und einmal über die Tischkante ziehen, damit sie sich besser biegen.

Die Korbmacher stellen ihre Körbe aus Weidenruten oder Peddigrohr in der gleichen Flechttechnik her, wie dieses Osterkörbchen gefertigt wurde.

OSTERNESTER

Das Modellieren mit plastischen Stoffen weckt das Empfinden für Formen und Proportionen. Beim Verzieren der Spandosen mit modellierten Figuren entstehen völlig neue Materialkombinationen.

Du brauchst:
Spandosen
300 g lufttrocknende Modelliermasse in Braun oder Weiß
Holzstäbchen
Küchenmesser
Plastiktüte
Malkasten oder Plakafarben
Pinsel
Mattlack auf Wasserbasis
Küchenmesser
Ostergras
Moos
Klebstoff

Spanschachteln, die süße Osterüberraschungen verbergen, werden mit modellierten Figuren geschmückt. Die Hennen und das Lamm sitzen auf der Dose gemütlich im Ostergras. Die Hasen fühlen sich im Wald zwischen Moos und Zweigen wohl.

Schachtel-verstecke

Die hübschen Spandosen verbergen kleine Geschenke

So wird's gemacht:

1. Mische eine Farbe für die Spandose. Verwende jedoch keine zu grellen Töne. Die Farbe sollte natürlich zum Rotbraun der Modelliermasse passen. Probiere deine Farbmischung zuerst auf dem Schachtelboden aus. Wenn sie paßt, bestreiche die Schachtel und den Deckel mit dieser Farbe. Nach dem Trocknen kannst du auch das Innere der Dose bemalen. Anschließend überziehst du die Spanschachtel mit Mattlack.

2. Jetzt formst du die Figuren: Nimm immer nur so viel Modelliermasse aus der Plastiktüte heraus, wie du gerade brauchst. Zähe Modelliermasse mit Wasser einstreichen und in die Tüte packen. Nach einiger Zeit ist sie wieder weich.
Für die Hasen- und Hühnerdose die Henne, die Küken und die Hasen genauso formen wie die kleinen Figuren für die Osterrallye. Schlage dazu im ersten Kapitel auf Seite 14 nach, und betrachte genau die Arbeitsschritte auf dem Bild. Für diese Figuren mußt du mehr Modelliermasse verwenden – gerade soviel, daß ein oder zwei Figuren auf die Spanschachtel passen.
Für das Lamm auch eine Kugel formen. Zu einer Rolle drehen und ein Stück davon als Kopf hochbiegen. Den Kopf länglich formen und glattstreichen. Den Mund mit dem Messer einschneiden und zusammendrücken. Zwei kleine Kugeln leicht rollen, flachdrücken und als Ohren mit etwas Wasser an den Kopfseiten befestigen. Mit dem flachen Ende eines Holzspießes Nase und Augen markieren. Bei allen Figuren Risse mit einem feuchten Pinsel glattstreichen. In die Formen unten dreimal mit dem Holzstäbchen einstechen, damit sie schneller trocknen.

3. Laß die Tiere drei Tage aushärten. Jetzt bemalst du sie mit wenig Plaka- oder Wasserfarbe. Bei den Hasen genügt es, Augen, Schnauze und das Innere der Ohren anzumalen. Das Huhn bekommt einen roten Kamm und einige bunte Federn. Die Küken ganz in Gelb bemalen. Falls du für das Lamm keine weiße Modelliermasse verwendet hast, streiche es jetzt mit weißer Farbe an. Alle Figuren trocknen lassen.

4. Überstreiche die Tiere mit Mattlack. Sobald der Lack angetrocknet ist, die Figuren zunächst probeweise auf dem Schachteldeckel plazieren. Wenn die Anordnung gut ist, können sie festgeklebt werden.

So verzierst du:

Klebe um die Tiere Moos, Zweige oder Ostergras auf. Beim Huhn können Federn und Watte-Eier auf dem Schachteldeckel liegen. Figuren dieser Art, etwas kleiner modelliert, passen gut auf die Deckel von Marmeladengläsern. Bemale oder beklebe die Deckel vorher.

OSTERNESTER

OSTERNESTER

Beim Kaschieren eines Luftballons mit Zeitungspapier erleben die Kinder neue Möglichkeiten der Stabilitätsverbesserung von Papier. Die Festigkeit dieser Formen überrascht die Kinder immer wieder und weckt die Experimentierfreude.

Du brauchst:
runde Luftballons
Tapetenkleister
Zeitungen
große Schüssel
Schreibpapier
Dispersionsfarben
breite Pinsel
Korken
Sägemesser
Schere
Bleistift
Mattlack auf Wasserbasis
Tonpapierstreifen
Klebstoff

Riesen-Eier

Am Ostertag werden diese Eier mit Überraschungen gefüllt und versteckt.

So wird's gemacht:

1. Rühre einen Eßlöffel Tapetenkleister mit 0,5 l Wasser an. Laß ihn 15 Minuten quellen. Den Luftballon in der gewünschten Eigröße aufblasen und am Ende verknoten. Am besten, du läßt dir diesen Knoten von einem Erwachsenen machen. Decke deinen Arbeitsplatz ab.

2. Die Zeitung in handflächengroße Stücke reißen. Bedenke, daß du eine ganze Menge davon brauchst.

3. Faß mit den Händen in den Kleister und bestreiche damit den Luftballon. Keine Angst vor dem Tapetenkleister: Er ist ungiftig und läßt sich auch mühelos abwaschen.

Jetzt mußt du dir einen Punkt merken, wo du immer mit dem Aufkleben anfängst. Am besten fängst du unten in der Mitte an, die Zeitungsschnipsel über den Ballon zu kleben. Das verknotete Ende frei lassen. Wenn sich die aufgeklebten Stücke wellen und Falten machen, sind sie zu groß. Sobald der ganze Ballon damit überzogen ist, die nächste Zeitungsschicht auftragen. Ziehe dafür die Stücke durch den Kleister und beginne wieder unten in der Mitte. Klebe so mindestens zehn Papierschichten auf. Jede Schicht immer wieder glattstreichen. Achte auf eine gleichmäßige Dicke der Zeitungshülle.

4. Lege den Ballon an einen ruhigen Ort und laß die Schichten eine Woche lang trocknen. Nach etwa drei Tagen ist die Zeitung außen bereits trocken. Jetzt weiße Papierstücke reißen und davon eine Schicht über die Zeitungsschale kleben. Dadurch kann das Ei in jeder Farbe bemalt werden, und die Zeitungen schimmern nicht durch.

Für diese riesigen Eier wurde ein Luftballon mit Zeitungsstückchen eingekleistert. Nach ungefähr zehn Zeitungsschichten muß die Form eine Woche trocknen. Den Luftballon aufstechen und die feste Schale aus Zeitungsstücken bleibt übrig. Die Form längs oder quer auseinanderschneiden. Schon hast du zwei Eihälften, die noch eine farbenfrohe Bemalung brauchen. Wie das Aufkleben der Zeitungsstückchen geht, siehst du auf Seite 135 abgebildet.

OSTERNESTER

Die Kinder sind schon beim Malen, denn bald ist das Osterfest. Für die großen Eier braucht man viel Farbe. Am günstigsten sind dafür Dispersionsfarben. Sie lassen sich auch, anstelle von Plakafarben, für andere Arbeiten verwenden. Achte beim Kauf von Dispersionsfarben auf die Umweltverträglichkeit. Vor allem sollten sie lösungsmittelfrei sein.

5. Nach einer Woche den Ballon aufstechen oder aufknoten und herausziehen. Jetzt die Schale aufschneiden, und du erhältst zwei große Eihälften. Zeichne die Schneidelinie vorher mit Bleistift an. Laß dir beim Aufschneiden helfen. Die Schale muß gerade und glatt geteilt werden. Teile das Ei längs oder quer, wie es dir am besten gefällt.

6. Bemale das Ei innen und außen in einer Grundfarbe. Sobald die Farbe trocken ist, verzierst du die Schale außen mit hübschen Mustern.
Das Ei läßt sich angenehmer anfassen, wenn du es mit Mattlack überziehst. Die Eier sind sehr stabil und können im nächsten Jahr wieder gefüllt werden.

7. Damit die beiden Schalen zusammenhalten, klebst du innen an den Schalenrand der unteren Eihälfte einen 2,5 cm breiten Tonpapierstreifen. Dieser sollte ungefähr 1 cm überstehen. Auf diese Weise läßt sich das Ei gut verschließen.

So verzierst du:

Bei dem gelben Ei bilden rote Tulpen die Verzierung. Es ist nicht schwer, solche Tulpen aufzumalen. Mit Filz- oder Buntstift oder einem feinen Pinsel können noch Schatten zwischen die Blätter gemalt werden.
Die Punkte auf dem grünen Ei sind mit verschiedenen Korken aufgestempelt. Innen die Punkte etwas nachmalen. Auch mit einem Stück Schwamm oder Kartoffelstempel können lustige Kleckse aufgedruckt werden.
Eine ganz andere Musterung ergibt sich durch kleine Papierstückchen. Diese werden mit Tapetenkleister auf die Schale geklebt. Die Stückchen können aus Bunt- oder Geschenkpapier gerissen werden.
Lustig wirken auch Zeitschriftenschnipsel. Die Papierstückchen gut mit Kleister einpinseln, damit sie nicht abstehen.
Wenn du das Ei besonders gut verschließen willst, binde eine große Schleife darum. Natürlich kannst du die Schale auch einfarbig überkleben und liebe Ostergrüße oder ein Gedicht darauf schreiben.
Es gibt auch die Möglichkeit, die Eihälften einzeln zu verwenden und sie als kleine Schälchen zu gestalten. Wenn du dafür das Ei quer teilst, entstehen runde Schüsselchen. Ovale Schälchen erhältst du dagegen, wenn du den Luftballon längs teilst.
Bemale diese Schüsseln oder beklebe sie mit Geschenkpapier. Besonders edel wirkt Japanpapier, welches einfach als letzte Schicht über die Zeitungsschnipsel geklebt wird.
Auch eine leuchtende Ballonlaterne läßt sich gut basteln. Dafür den Luftballon mit vielen bunten Seidenpapierstückchen bekleben und nach dem Trocknen eine größere Öffnung um den Ballonknoten ausschneiden.
Was man aus diesen Riesen-Eiern noch machen kann, steht auf den nächsten beiden Seiten.

OSTERNESTER

Hier werden die Riesen-Eier des vorangehenden Themas in Körper für Hase und Huhn umgewandelt. Diese beiden Tiere sind für Kinder eine gute Möglichkeit, ihre Erfahrungen mit der Kaschiertechnik neu anzuwenden.

**Du brauchst:
runde Luftballons
Tapetenkleister
Zeitungen
Schüssel
Kreppband
Dispersions- und
    Plakafarben
schwarzen Filz- oder
    Buntstift
Schere
Bleistift
Holzleim
Mattlack
2 Holzstäbchen
Zahnstocher
Sägemesser
4 Holzräder, Durchmesser 5 cm, mit Bohrung 4 mm
4 Holzperlen**

Zwei Riesen-Eier, wie sie auf Seite 132 beschrieben sind, herstellen und einmal längs oder quer aufschneiden. Aus geknüllter Zeitung und Kleister die Köpfe formen, mit Kreppband und eingekleisterten Zeitungstückchen befestigen. Nach dem Trocknen beide Tiere bemalen. An den Bauch der Henne zwei Holzstäbe kleben und vier Räder anstecken. Der Hase braucht noch Ohren aus Tonpapier. Jetzt sind beide bereit, in ihrem Bauch die Eier zu verstecken.

Emma Gluck rollt an!

Weißt du, wo die Henne Emma Gluck und der Hase Luki die Ostereier versteckt haben?

So wird's gemacht:

1. Einen Ballon nicht zu groß aufblasen und mit eingekleisterten Zeitungsstückchen bekleben. Auf den Seiten 132 und 133, bei den Riesen-Eiern, ist die Arbeitsweise dazu genau beschrieben.
2. Die Köpfe der Tiere aus einem Bogen Zeitung mit nassen Kleisterhänden zusammenknüllen. Für den Hasen zuerst eine runde Kugel zusammendrücken. Diesen Knäuel nochmals in eingekleisterte Zeitung einschlagen. Mit Zeitungsschnipseln glatt überkleben. Die Kugel etwas länglich drücken. Aus einem geknüllten Zeitungsstück eine kleine Stupsnase ankleben und mit kleinen Schnipseln glatt überziehen. Für die Henne den geknüllten Zeitungsbogen gleich flach drücken und einen kleinen Wulst als Kamm ansetzen. Diese Form nochmals in eingekleisterte Zeitung wickeln. Den abstehenden Zeitungsrest zu einem Schnabel drehen. Somit wäre die Grundform für den Kopf fertig. Überklebe ihn schön glatt mit kleinen Zeitungsstückchen. Setze dabei gleich den Kehllappen unter dem Schnabel an. Nach einem Tag die Köpfe mit weißen Papierstückchen mög-

OSTERNESTER

lichst glatt überziehen. Jetzt müssen Köpfe und Körper eine Woche trocknen.

3. Den Ballon aufstechen und die Schale aufschneiden. Laß dir dabei helfen. Zeichne mit Bleistift eine Linie ein, um möglichst gerade zu schneiden. Für die Henne muß die Form dann längs und für den Hasen quer durchgeschnitten werden.

4. In den Hasenkopf unten einen Zahnstocher stecken. Den Kopf auf die spitze Körperhälfte setzen. Mit Papierstreifen und Kleister eine Halsverbindung zwischen beide Teile kleben und trocknen lassen. Die Hasenohren in der passenden Größe schneiden, unten umknicken und mit Klebstoff auf dem Kopf befestigen.

In den Kopf für die Henne ebenfalls einen Zahnstocher einbohren. Den Kopf über dem runden Ende der Körperhälfte aufstecken. Mit Kreppband und eingekleisterten Papierstreifen eine feste Halsverbindung schaffen.

5. Bemale die Hasenteile innen und außen mit brauner Dispersionsfarbe. Die Ohren mit anstreichen. Die Henne weiß bemalen. Sobald die Grundfarbe trocken ist, einen 3 cm breiten Tonpapierstreifen um den Rand des unteren Körperteils kleben. Ungefähr 1 cm davon überstehen lassen. Jetzt kannst du die Tiere für die weitere Bemalung zusammenstecken.

Bei dem Hasen weiße Augenpunkte und Fellhaare am Bauch aufmalen. Mit einem dünnen Pinsel oder Filz- oder Buntstift die Schnauze und das Augeninnere einzeichnen. Die Augen zusätzlich schwarz umranden. Mit dunkelbrauner Farbe Vorderpfoten und einige Fellhaare stricheln. Zwei große Hasenfüße aus braunem Tonpapier schneiden. Sie sollten mindestens 10 cm lang sein. Klebe sie so an die untere Rundung, daß der Hase gut darauf steht.

Bei der Henne Kamm und Kehllappen rot bemalen. Für den Schnabel brauchst du etwas gelbe Farbe. Viele kleine schwarze Strichelchen deuten die Flügel an. Die Augen mit Filz- oder Buntstift umranden und ein paar echte Schwanzfedern aufkleben.

6. Damit die Henne auch rollen kann, braucht sie Räder. Mit einem Klebeband an die untere Körperhälfte zwei Holzstäbchen kleben. Der Abstand sollte etwa 8 cm betragen. Die Räder aufstecken und testen, ob sie gut rollen. Andernfalls mußt du die Stäbe noch verschieben. Wenn die Räder funktionieren, das Gewebeband fest andrücken.

Die Holzstäbe noch seitlich mit einem dicken Tropfen Holzleim sichern. Sobald der Leim trocken ist, das Klebeband mit weißer Farbe überstreichen. Die Räder aufstecken. Sie dürfen beim Drehen nicht am Körper schleifen. In die Öffnung der Holzkugel etwas Leim tropfen. Die Kugeln auf die Räder stecken. Vorsicht, zwischen die Räder darf kein Holzleim kommen, sonst drehen sie sich nicht mehr. Nach 15 Minuten ist der Leim trocken, und die überstehenden Stabenden können abgeschnitten werden. Vorn in die untere Körperhälfte mit der Nadel ein Loch stechen und eine Schnur durchziehen. Das Ende verknoten. Jetzt kannst du die Henne ziehen.

7. Lackiere beide Figuren mit Mattlack.

So verzierst du:

Der Hase freut sich über eine schicke Halsschleife. Natürlich kann man die Henne mit bunten Federn bemalen. Als rollender Untersatz eignet sich auch ein ausgedienter Holzwagen.

Was wohl der Osterhase hineingelegt hat?

Klebe mindestens zehn Lagen eingekleisterte Zeitungsstückchen auf den Ballon. Während des Trocknens außen mit weißen Papierschnipseln überziehen. Die Form aufschneiden und den Kopf aus geknüllten Zeitungen aufkleben. Die Holzstäbe für die Räder mit einem Gewebeband am Bauch befestigen. Stecke die Räder erst nach dem Bemalen auf.

DAS WIRD EIN OSTERFEST!

DAS WIRD EIN OSTERFEST!

Tischsets für das Osterfrühstück

Aus Pack- oder Tonpapier, zieren sie hübsch bemalt den Ostertisch.

Die Kinder lernen flächiges Malen und Proportionieren. Die große Form kann auch von kleineren Kindern leicht ausgeschnitten werden. Wenn nötig, sollte ein Erwachsener helfen.

So wird's gemacht:

1. Zeichne die Hasen- und Huhnvorlage von den Seiten 140 und 141 auf Transparentpapier. Bei der Verwendung von Butterbrotpapier zwei Bögen zusammenkleben. Natürlich kannst du auch deine eigenen Hasen- oder Hühnersets zeichnen. Achte dabei immer auf eine großflächige Form. Vermeide stark abstehende Teile. Die Sets sollten mindestens so groß sein, daß ein Kuchenteller darauf Platz hat.
2. Schneide ein Stück Packpapier ungefähr in der benötigten DIN-A3-Größe ab. Wenn sich das Papier stark rollt, bügle es glatt. Es eignet sich auch Tonpapier in der entsprechenden Größe.
3. Das Transparentpapier mit der Zeichnung auf das Packpapier legen und die Bleistiftlinien durchdrücken. Das Nest der Henne kann auch etwas breiter gezeichnet werden, um ein größeres Set zu erhalten. Wer will, der vergrößert sich die Setvorlagen mit Hilfe eines Rasters. Wie das geht, steht bei den Vorlagen auf der nächsten Seite.
4. Jetzt darf bemalt werden. Der Henne mit dickflüssiger Farbe einen roten Kamm, einen gelben Schnabel und bunte Federn aufmalen. Für das Auge einen weißen Punkt malen. Nach dem Trocknen in diesen Punkt mit schwarzem Buntstift das Auge zeichnen. Die Henne sitzt auf einem grünen Nest. Der Hase erhält einige weiße Fellhaare. Auch das Hasenauge zuerst weiß aufmalen und dann mit Buntstift umranden und ausmalen. Die Ränder für die Ohren und Pfoten können mit dem Pinsel oder einem dicken Filz- oder Buntstift eingezeichnet werden.
5. Damit die Sets auch einige Flecken aushalten, überziehst du sie mit selbstklebender Klarsichtfolie. Dafür solltet ihr zu zweit sein. Einer klebt die Klarsichtfolie an eine Papierkante an. Der andere zieht langsam das Schutzpapier ab. Die Folie straff gespannt aufkleben. Gut anreiben, damit keine Luftblasen unter der Folie bleiben. Überstehende Folie abschneiden.

Ideen fürs Gestalten:

Große Eiersets sind einfach und schnell gebastelt. Dazu eine Eiform so groß malen, daß sie auf ein DIN-A3-Blatt paßt. Die Eivorlagen bei den Faltschnitt-Eiern auf Seite 83 können vergrößert werden.
Schneide diese Eiform aus Karton aus, denn dann kann die Schablone immer wieder auf ein Packpapier nachgezeichnet werden. Bunte Streifen, Zacken und Punkte schmücken die Eiersets. Auch Ostergrüße, Namen oder sogar Gedichte können auf die Eier geschrieben werden. Natürlich lassen sich diese hübschen Eier-, Hasen-, oder Hühnersets auch prima als Tür- oder Wandschmuck verwenden.

Du brauchst:
Pack- oder Tonpapier in DIN-A3-Größe
Plaka- oder Wasserfarben
Pinsel
Buntstifte
selbstklebende Klarsichtfolie
Bleistift
Schere
Transparent- oder Butterbrotpapier

Die Huhn- oder Hasenvorlage von den Seiten 140 und 141 auf Packpapier übertragen. Wer will, vergrößert die Sets noch etwas. Die Figuren hübsch bemalen und trocknen lassen. Sollen die Sets wasserfest sein, müssen sie mit Klarsichtfolie überklebt werden. Anschließend die Form am äußeren Rand ausschneiden.

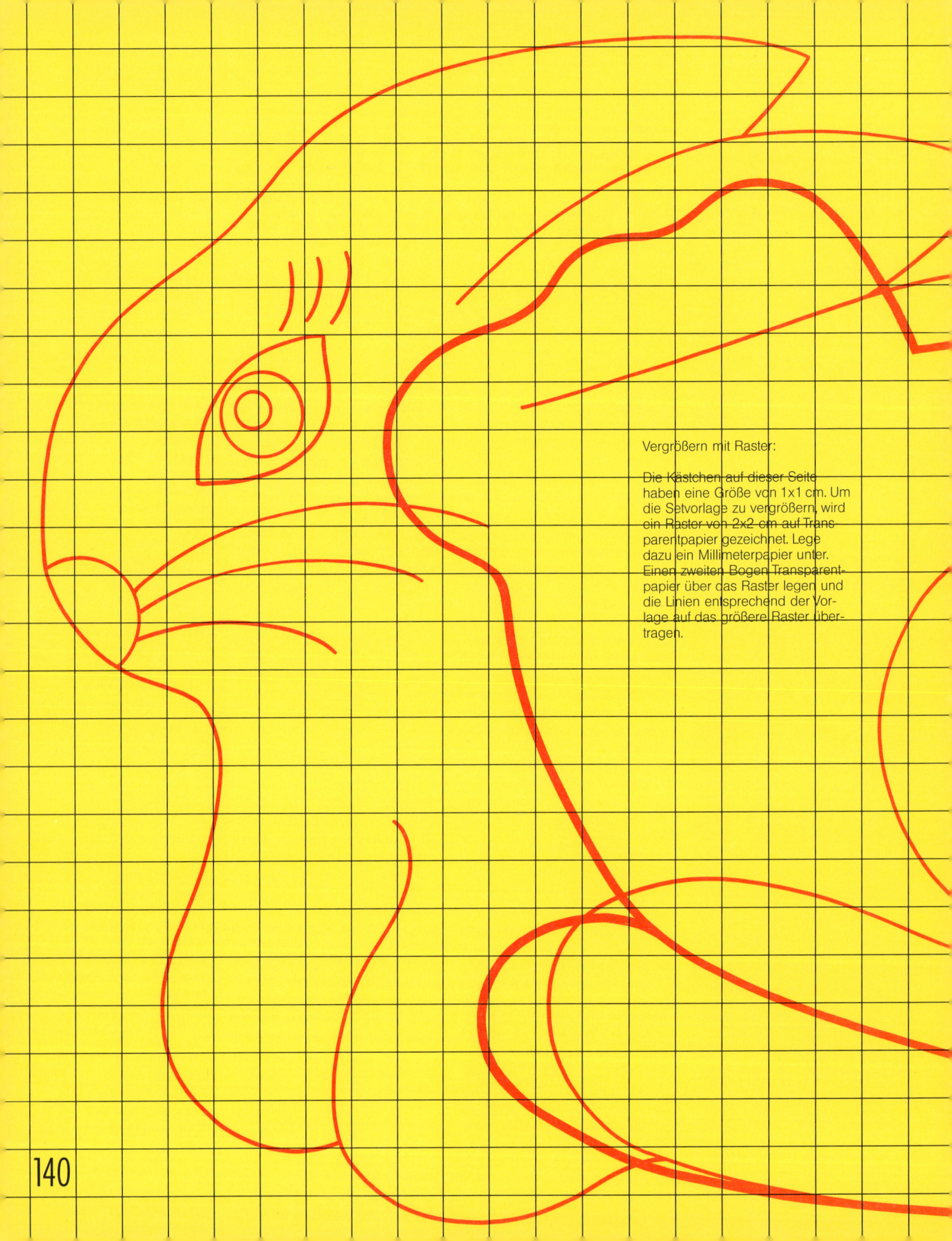

Vergrößern mit Raster:

Die Kästchen auf dieser Seite haben eine Größe von 1x1 cm. Um die Setvorlage zu vergrößern, wird ein Raster von 2x2 cm auf Transparentpapier gezeichnet. Lege dazu ein Millimeterpapier unter. Einen zweiten Bogen Transparentpapier über das Raster legen und die Linien entsprechend der Vorlage auf das größere Raster übertragen.

DAS WIRD EIN OSTERFEST!

Muntere Häschen tanzen zwischen bunten Ostereiern um die Tischdecke. Für die Eiermuster wurden in die Kartoffelhälften Streifen und Zacken eingekerbt, mit Textilfarbe bestrichen und aufgedruckt. Die Figuren aus Moosgummi schneiden, auf ein Holzklötzchen kleben und als Stempel verwenden.

Die lustigen Kresseköpfe auf dem Tisch sind schnell vorbereitet. Bei einem Ei die Spitze aufbrechen und so weit schälen, bis eine größere Öffnung entstanden ist. Den Inhalt in eine Tasse schütten. Die Schale ausspülen und trocknen lassen. Mit Filz- oder Buntstiften ein lustiges Gesicht aufmalen. Das Ei mit Watte füllen. Diese mit Wasser begießen und Kressesamen daraufstreuen. Nach gut einer Woche wächst den Eierköpfen eine wilde Mähne. Beim Osterfrühstück kann jeder seine Kresse abschneiden und auf das Butterbrot streuen.

DAS WIRD EIN OSTERFEST!

Eine Decke für den Ostertisch

Die Muster werden mit Moosgummi- und Kartoffelstempel auf die Tischdecke gedruckt.

Beim Drucken mit Kartoffelhälften und Moosgummistempeln können Kinder aller Altersgruppen mitmachen. Gemeinsam werden Möglichkeiten der Flächenaufteilung besprochen.

So wird's gemacht:

Moosgummistempel

1. Übertrage die gewünschten Vorlagen von Seite 144 auf Papier oder zeichne dir deine eigenen Figuren.
2. Schneide die Form aus und lege sie auf ein Stück Moosgummi. Halte die Schablone mit einem Klebestreifen fest und schneide die Umrisse aus. Moosgummi gibt es in Bastelabteilungen von Kaufhäusern, Baumärkten und Blumengeschäften zu kaufen.
3. Klebe diesen Moosgummistempel auf ein Holzklötzchen oder eine Schachtel. Den Stempel mußt du gut halten können. Achte beim Aufkleben auf die gewünschte Richtung, in die zum Beispiel die Häschen schauen sollen.
4. Bestreiche die Figur mit Stoffmalfarbe und versuche einige Probedrucke auf Stoffresten. Überschüssige Farbe, besonders an den Rändern, mit einem Küchentuch abwischen.

Kartoffelstempel

1. Kleine bis mittelgroße Kartoffeln quer halbieren. Wenn nötig, die Eiform am Rand noch etwas zuschneiden.
2. Mit dem Küchenmesser in die Schnittfläche Zacken oder Streifen einkerben.
3. Tupfe die Stempelfläche trocken, bestreiche sie mit Farbe und nimm einen Probedruck vor. Drückt sich der Stempel ungleichmäßig ab, mußt du die Schnittfläche nochmals gleichmäßig zuschneiden und die Muster erneut einkerben.
4. Stelle dir drei bis vier solcher Stempel für das Bedrucken der Decke her.

Bedrucken der Decke

1. Die Tischdecke oder das Bettuch bügeln. Du läßt dir am besten dabei helfen. Breite die Decke auf einer Zeitungsunterlage auf dem Boden aus. Stempel, Farben, Pinsel und Küchentücher vorbereiten.
2. Beginne am Rand mit einer Form zu drucken. Bei der Tischdecke auf dem Foto wurde zuerst der tanzende Hase am Rand gedruckt. Damit der Hase ungefähr im gleichen Abstand um die Decke läuft, jeweils nach 20 cm mit Bleistift die Druckstelle markieren. Diesen Abstand um die ganze Decke herum einzeichnen und mit dem Bleistift nur ganz schwach aufdrücken.
3. Alle anderen Figuren und Eier werden frei auf der Decke verteilt. Achte beim Drucken in der Mitte darauf, daß die noch feuchten Randmuster nicht verwischt werden.
4. Augen und Barthaare bei den Hasen kannst du mit einem Stoffmalstift aufzeichnen. Die Hühnchen bekommen ebenfalls Augen und einfache Flügel.
5. Die Farben auf der Decke trocknen lassen und anschließend nach Gebrauchsanweisung einbügeln.

Du brauchst:
ungemusterte, helle Tischdecke
Bettuch oder Papiertischdecke
einfarbige Stoffreste
Stoffmalfarben in Orange, Rot, Olivgrün und Gelb
Pinsel
Küchentücher
Kartoffeln
Moosgummiplatte
Holzklötze oder Schachteln
Bleistift
Schere
Lineal
Klebstoff
Küchenmesser
schwarzen Stoffmalstift
Bügeleisen

Mit Moosgummi können auch Sweat- oder T-Shirts bedruckt werden. Vorlagen dazu findest du auf der nächsten Seite. Die Stoffmalfarben sind waschbeständig. Bei farbigen Stoffen sollten immer spezielle Deckfarben verwendet werden.

DAS WIRD EIN OSTERFEST!

Modellierte Eierbecher

Diese Hühner bringen dir das Frühstücksei.

Das Formen mit plastischen Stoffen wird hier geübt. Die Gestaltungskriterien für die Form und die Funktion des Eierbechers sollten vorher geklärt werden.

So wird's gemacht:

1. Eine faustgroße Kugel länglich formen und einen kleinen Kopf herausdrücken.
2. Drücke mit dem Daumen die Eierbecheröffnung ein und weite sie aus. Auf stabile Seitenwände achten. Risse mit etwas Wasser verstreichen. Prüfe mit einem Ei, ob die Öffnung groß genug ist.
3. Kamm, Schnabel und Kehllappen aus der Kopfform modellieren. Die Augen mit einer Stiftekappe markieren. Alles glattstreichen und drei Tage trocknen lassen. Das Huhn wenig bemalen und ganz lackieren.

Ideen fürs Gestalten:

Manche Hühner haben ihren Schnabel leicht geöffnet. Dazu schneidet man einfach mit dem Messer ein und biegt die Spitzen auseinander. Auf die gleiche Art lassen sich auch kleine Entchen oder Hasen formen.

Das Hühnchen wird aus einer Kugel herausgeformt.

Du brauchst:
für 4 Eierbecher:
500 g lufttrocknende Modelliermasse
Plaka- oder Wasserfarben
Pinsel
Wasser
Holzstäbchen
Plastiktüte
Küchenmesser
Mattlack auf Wasserbasis

Für die Hühner kann weiße oder rotbraune Modelliermasse verwendet werden. Die Öffnung so groß formen, daß locker ein Ei darin Platz hat.

DAS WIRD EIN OSTERFEST!

Hasengirlanden

Eine fröhliche Hasenparade hüpft über den Tisch.

Die Kinder lernen durch mehrfaches Falten und Schneiden von Papierstreifen, Figuren zu vervielfältigen.

Du brauchst:
große Bögen Tonpapier
Packpapier oder einfarbiges Geschenkpapier
Butterbrotpapier
Bleistift
Lineal
Schere
Filz- oder Buntstifte

So wird's gemacht:

1. Schneide aus einem großen Bogen Papierstreifen in einer Breite von 15 cm für die großen Hasen und 10 cm für die Hockelhasen zu.
2. Übertrage eine Hasenform oder das Lamm nach der Vorlage auf Butterbrotpapier. Lege die Schablone mit den Bleistiftstrichen nach unten auf ein Ende des Papierstreifens. Drücke die Linien durch, achte aber darauf, daß die gestrichelte Linie an einer Seite bis an die Kante der Streifenbreite geht.
3. Falte die Streifen in der Hasenbreite ziehharmonikaartig. Der vorgezeichnete Hase liegt dabei oben. Unbedingt darauf achten, daß die gestrichelten Linien an den Faltkanten liegen.
4. Schneide die Figur aus. Allerdings nicht an den gestrichelten Linien durchschneiden.
5. Die Girlande auseinanderfalten und die Hasen hübsch anmalen.

Ideen fürs Gestalten:

Wer keine langen Papierstreifen hat, der klebt einfach zwei kleine Girlanden zusammen. Wie die Hasen, so können auch ein Lamm, eine Ente oder lustige Schmetterlinge zunächst einmal aufgezeichnet und anschließend ausgeschnitten werden. Viele Vorlagen in diesem Buch eignen sich dafür. Es muß dabei immer ein Verbindungsstück von einem Tier zum anderen an der Faltkante vorhanden sein.
Besonders hübsch und vor allem auch interessant wirken Girlanden aus Packpapierstreifen, wenn die Tiere anschließend mit Malkastenfarben oder Buntstiften bemalt werden.

Auf das Ende eines Papierstreifens eine Hasenform übertragen. Den Streifen in der Breite des Hasen wie eine Ziehharmonika falten. Die gestrichelten Linien müssen dabei direkt an der Faltkante liegen. An diesen Stellen hält die Girlande zusammen. Die Figur ausschneiden. Auf keinen Fall die Stellen mit den gestrichelten Linien durchschneiden. Die Hasengirlande auseinanderziehen. Auf jedes Häschen ein Gesicht und Pfoten malen.

DAS WIRD EIN OSTERFEST!

DAS WIRD EIN OSTERFEST!

Serviettenringe aus Sperrholz

Eine Sägearbeit, die gerne bewundert wird.

Die Serviettenringe aus Sperrholz sind für Kinder gedacht, die schon mit der Laubsäge umgehen können. Kleinere Kinder schneiden diese Ringe aus Fotokarton.

So wird's gemacht:

1. Übertrage die Vorlagen für die Serviettenringe auf die Sperrholzplatte. Du kannst dafür Transparent- oder Schneiderkopierpapier verwenden.
2. Spanne an der Griffseite das Sägeblatt ein. Mit einem Laubsägenschlüssel lassen sich die Flügelschrauben leicht festziehen oder lockern.
3. Bohre in den inneren Kreis ein Loch. Schiebe das Sägeblatt durch das Bohrloch. Jetzt das Sägeblatt, am besten zu zweit, straff einspannen. Den Kreis langsam und ohne Druck aussägen. Halte den Sägebogen immer gerade zum Unterarm.
4. Sobald der innere Kreis herausfällt, das Sägeblatt ausspannen und herausziehen. Die Säge erneut einspannen und die äußere Form aussägen.
5. Schleife die Sperrholzkanten schön glatt. Beginne dabei mit gröberem Schleifpapier.
6. Die Serviettenringe bemalen, dann mit Mattlack überziehen.

Ideen fürs Gestalten:

Selbstverständlich kann man auch andere Figuren oder Blumenformen auf den Ring setzen. Anregungen dafür gibt es bei den Stickern im 2. Kapitel. Die Ringe müssen jedoch nicht unbedingt grün sein. Paß die Malfarben den Farben von Geschirr und Tischdecke an.

Du brauchst:
Sperrholzplatte,
  0,4 mm dick
Laubsäge
Sägeblätter
Sägetischchen
Handbohrer
grobes und feines
  Schleifpapier
Plakafarben
Mattlack

Ein fein gedeckter Kaffeetisch (linke Seite), zu dem auch diese selbstgebastelten Serviettenringe gut passen. Die Vorlagen dazu findest du auf Seite 153.

Bei jedem Ring zuerst den inneren Kreis aussägen. Dazu bohrt man ein Loch in das Sperrholz, spannt das Sägeblatt nur unten am Griff ein und schiebt es durch das Bohrloch. Am besten zu zweit die Säge wieder einspannen.

DAS WIRD EIN OSTERFEST!

Tischschmuck aus Papier

Diese Tischkarten, Grasmanschetten und Eierbecher sind einfach und schnell gebastelt.

Die Kinder schneiden die Formen im Faltschnitt aus und finden bald großen Gefallen am Aufstellen und Zusammenstecken solcher Figuren.

Du brauchst:
Tonpapier
evtl. Fotokarton
Packpapierreste
Butterbrotpapier
dünnen Karton
Bleistift
Lineal
Klebstoff
Bunt- und Filzstifte
Büroklammern

So wird's gemacht:

Hasentischkarten

1. Übertrage die Hasenvorlage von Seite 152 auf Butterbrotpapier. Klebe sie auf einen Karton und schneide die Hasen aus. Jetzt hast du eine Schablone, die sich oft verwenden läßt.

2. Schneide dir ein Stück Packpapier 15x20 cm zu. Falte es an der langen Seite in der Mitte.
3. Lege die Schablone darauf und zeichne die Umrisse nach.
4. Schneide die Hasenform aus. Da das Packpapier doppelt gelegt wurde, erhältst du zwei Hasen. Klebe diese an den Ohrenspitzen zusammen.

5. Jetzt auf beiden Hasenseiten Augen, Barthaare und Pfoten aufmalen. In die Mitte den Namen schreiben und die Hasentischkarte aufstellen.

Grasmanschetten

1. Zeichne die Grasvorlage aus dem Buch auf Butterbrotpapier.

Die Hasentischkarten zeigen den Platz am Tisch und sind gleichzeitig ein hübscher Schmuck. Grasmanschetten zieren die Ostereier. Sie werden einfach aus einem Tonpapierstreifen geschnitten und auf der Rückseite zusammengesteckt.

DAS WIRD EIN OSTERFEST!

2. Klebe diese Vorlage auf Karton und schneide sie aus.

3. Falte ein Stück grünes Tonpapier doppelt. Lege die Schablone an der Schnittkante an und zeichne die Manschette mit den Einschnitten auf das Tonpapier.

4. Jetzt kannst du gleich zwei Manschetten ausschneiden.

5. Vorn an der Grasmanschette sitzt ein Häschen, pickt ein Küken oder liegen Ostereier. Übertrage dafür die entsprechenden Vorlagen auf Tonpapier. Du kannst auch Hasen, Küken oder andere Tiere aus Zeitschriften ausschneiden.

6. Schneide die kleinen Figuren sorgfältig aus und bemale sie.

7. Klebe die Verzierung vorn auf die Grasmanschette. Biege diese um ein Osterei und stecke die Einschnitte zusammen.

Eierbecher

1. Übertrage die Vorlagen für die Hasen- und Hühnereierbecher wie bei den Hasentischkarten beschrieben auf Karton.

2. Einen Bogen Tonpapier an der langen Seite einmal in der Mitte falten. Die Schablonen an die Faltkante legen, umranden und ausschneiden. Die gestrichelten Stellen an der Faltkante nicht durchschneiden.

3. Klebe Kopf und Hals bei beiden Tieren zusammen und male ihnen lustige Gesichter auf.

4. Die Streifenenden mit einer Büroklammer zusammenstecken. Stelle ein Ei probeweise in den Becher und prüfe, ob die Größe paßt. Sonst verschiebst du die Streifen noch etwas und klebst diese dann passend zusammen. Bei dem Huhn noch Schwanz und Flügel ankleben.

Tischkarten mit Blumen

1. Schneide dir aus hellgrünem Tonpapier 10x10 cm große Kärtchen zu.

2. Falte diese einmal in der Mitte.

3. Die Tischkarten wieder auffalten und an einer Seite mit dem Cuttermesser zwei 3 cm lange Schlitze einschneiden. In diese Schlitze werden die Blumen gesteckt.

4. Zeichne eigene Frühlingsblumen oder verwende dazu die Vorlagen. Den Stiel und die Blätter aus grünem Papier ausschneiden und die Blüte daraufkleben. Jetzt die Blume in die Tischkarte stecken und den Namen daraufschreiben.

Für die Hasentischkarten eignen sich auch andere Vorlagen aus dem Buch. Immer nur zwei Teile ausschneiden und die Ohrenspitzen zusammenkleben. An den Grasmanschetten sehen ausgeschnittene Figuren aus Karten, Zeitschriften und Fotos besonders lustig aus.

Für die Eierbecher können genauso Enten, Schwäne oder Küken verwendet werden. Die Grundformen bleiben dabei gleich.

Die grünen Tischkarten wirken mit echten Blumen und Gräsern ganz toll. Statt der Papierblumen können auch kleine Küken oder Hasen an die Faltkante der Tischkarte geklebt werden.

Die Tischkarten mit Blümchenverzierung eignen sich auch als Osterkarten. Hase und Henne sind hier die Eierbecher. Die Vorlagen findest du auf der nächsten Seite.

DAS WIRD EIN OSTERFEST!

Bei diesen Hasen und dem Blumenkranz können auch kleine Kinder mithelfen. Gemeinsam werden die Häschen geformt und die Blüten gesammelt.

Du brauchst:
für den Kranz:
frische Blumen
Efeuranken oder grüne Zweige
Steckmoosring
Teller
Strohblumennadeln (Drahtbögen)
Schere

für die Hasen:
Zutaten wie im Text angegeben

Die Häschen werden aus Teigrollen gedreht. Für den Kranz kurze Blütenzweige und Efeuranken mit Drahtbögen an einem Steckmoosring befestigen.

Blumenkranz und leckere Osterhasen

Es duftet nach aromatischen Blüten und frischem Gebäck.

So wird's gemacht:

Blumenkranz

1. Lege den Moosring ins Wasser, bis er sich vollgesaugt hat.
2. Stecke die Stielenden der Ranken in den Moosring und befestige sie mit Drahtbögen.
3. Die Blumen auf eine Länge von etwa 7 cm kürzen und zwischen die Efeublätter stecken.
4. Den Kranz auf einen schönen Teller legen. Damit der Ring feucht bleibt, ab und zu etwas Wasser dazugießen.

Gebackene Hasen

(ergibt 4 Stck.)

150 g Quark
6 EBl. Milch
6 EBl. Öl
1 Ei
75 g Zucker
300 g Mehl
1 Päckchen Backpulver
Mandelstifte, Rosinen
Backzeit: 20-30 Min. bei 180°C

1. Den Quark abtropfen lassen und mit Milch, Öl, Ei und Zucker in der Rührschüssel verrühren.
2. Mehl und Backpulver mit den Knethaken unter den Teig mischen. Dann den Teig mit den Händen durchkneten. Klebt er, etwas Mehl darüberstreuen.
3. Forme die Hasen auf einem bemehlten Brett. Für die Ohren das Kopfteil einschneiden.
4. Die Hasenteile auf einem mit Backpapier ausgelegten Blech zusammensetzen. Ein weichgekochtes Ei in die Körpermitte drücken. Den Hasen mit Eigelb bestreichen. Für das Gesicht Rosinen und Mandelstifte eindrücken.
Soll bei den Häschen ein Schokoladenei in die Mitte, backe dafür eine Kugel aus Alu-Folie mit und tausche diese nach dem Abkühlen gegen das Ei aus.

DAS WIRD EIN OSTERFEST!

GEWUSST WIE?

Für die Bastelarbeiten brauchst du besonders häufig:
Bleistift
Schere
Lineal
Klebstoff
weißen Farbstift
Buntstifte
Holzstäbchen
Büroklammern
Schreibpapier
Kartonbogen
Tonpapier
Packpapier
Deckfarben
dünne und breite Pinsel

Tips und Technik

Hier gibt's wichtige Informationen, die dir das Übertragen von Vorlagen erleichtern.

Lies dir vor dem Bastelbeginn die Arbeitsanleitungen genau durch. Decke den Arbeitsplatz mit alten Zeitungen ab. Sobald du mit Farben hantierst, schütze deine Kleidung mit einer Schürze oder einem alten Hemd. Lege immer einen Lappen bereit, falls einmal etwas umkippt.
Für viele Bastelarbeiten ist es praktisch, eine Art Materiallager zu haben. Sammle Naturmaterialien, beispielsweise gepreßte Blumen und Blätter, Verpackungsmaterial, Papprollen und Kartons.

Vorlagen übertragen

Es gibt in diesem Buch zahlreiche Vorlagen in Originalgröße, die dir das Basteln erleichtern. Die Größe kann natürlich beliebig verändert werden. Die Vorlagen sind nicht nur für das jeweilige Thema verwendbar. Viele eignen sich auch für andere Bastelideen. Diese Vorlagen müssen natürlich zuerst vom Buch auf das Papier, das Holz oder den Karton kopiert werden. Hier zwei Möglichkeiten, Vorlagen abzupausen:

1. Pergamentpapier

Dieses durchscheinende Papier gibt es in den meisten Schreibwarengeschäften auch unter dem Namen Transparentpapier zu kaufen. Statt dessen kann man natürlich auch Butterbrotpapier verwenden.
Das Papier auf die gewünschte Vorlage legen. Papier- und Buchseite mit zwei Büroklammern zusammenhalten, damit nichts verrutscht. Mit einem weichen Bleistift die Linien nachzeichnen. Kontrollieren, ob auch keine Markierung vergessen wurde. Das Pergamentpapier von der Buchseite abnehmen und den nicht benutzten Papierteil von der Zeichnung abschneiden. Wende das Papier und lege es passend auf den Karton, das Sperrholz oder das Tonpapier. Die Bleistiftlinien liegen dabei unten. Die Linien mit dem Bleistift noch einmal nachziehen. Dabei fester aufdrücken. Die Vorlage wird jetzt auf den Untergrund durchgedrückt. Jetzt kann die Figur ausgeschnitten werden.

2. Schneiderkopierpapier

Das Schneiderkopierpapier erweist sich als besonders praktisches Pauspapier. Während beim Übertragen mit Kohlepapier leicht Farbflecken entstehen, läßt sich mit Schneiderkopierpapier sauber und großflächig auf vielen Untergrundmaterialien arbeiten. Schneiderkopierpapier gibt es in Kurzwarengeschäften.
Zum Abpausen die färbende Seite des Kopierpapiers auf den Untergrund legen, auf dem die Vorlage erscheinen soll. Darüber die Vorlage oder die Zeichnung legen und mit Büroklammern befestigen. Mit Bleistift auf der Vorlage die Linien nachziehen. So läßt sich jede Form auf Karton, Holz oder Papier übertragen.

Das solltest du sammeln:
Schaumstoff- oder Schwammreste
einfarbige Stoffe
Spitzenreste
Tortenspitzen
Papprollen
Trinkhalme
Wellpappe
Gläserdeckel
Kerzenreste
Schachteln
Holzkörbchen

So werden die Vorlagen aus dem Buch auf Pergament- oder Butterbrotpapier abgepaust.

Eine Packung Schneiderkopierpapier (rechtes Bild) enthält immer mehrere Kopierbögen in verschiedenen Farben.

GEWUSST WIE?

Umwelttips

Nützliche Informationen über die Umweltverträglichkeit von Bastelmaterialien

Papier

Schreib-, Geschenk-, Tonpapiere und Kartons bevorzugen, die teilweise oder vollständig aus Altpapier hergestellt sind. Dabei unterscheidet man „Original"-Umweltschutzpapier und Recycling-Papier. Beide erkennt man am blauen Umweltengel, wobei das Umweltschutzpapier das umweltfreundlichste ist.
Wer unbedingt weißes Papier braucht, sollte nur solches mit dem Aufdruck „sauerstoffgebleicht" kaufen. Auf Hochglanzpapiere und kunststoffbeschichtete Papiere sollte man verzichten. Sie enthalten schwermetallhaltige Pigmente. Auch Buntpapiere können schwermetallhaltige Farbstoffe enthalten, deshalb beim Kauf auf das „CE"-Zeichen achten.
Entsorgung: Die Papierreste nicht einfach in die Mülltonne werfen, sondern zum Altpapier geben. Viele Papierreste kann man auch für weitere Bastelarbeiten verwenden.

Buntstifte

Manche Buntstifte enthalten Kunststoffbestandteile, die giftig sein können. Untersuchungen ergaben, daß billige Buntstifte aus fernöstlichen Ländern erheblich mit Schwermetallen belastet waren, während deutsche Markenprodukte wenig oder keine Schwermetalle enthielten.
Auch die Lackierung des Holzstabes kann schädliche Stoffe enthalten, deshalb am besten unlackierte Stifte benutzen. Im Vergleich zu den herkömmlichen Faserschreibern sind Buntstifte umweltverträglicher.

Filzstifte

Verschiedene Hersteller bieten inzwischen lösungsmittelfreie Filzstifte aus Lebensmittelfarben, destilliertem Wasser und Lebensmittelkonservierern an. Beim Kauf von Faserschreibern immer auf das „CE"-Zeichen achten: Diese Stifte enthalten keine gesundheitsgefährdenden Konservierer wie beispielsweise Formaldehyd.
Trotzdem sollte man Filzstifte sparsam verwenden, da auch die Hülsen als Abfall zurückbleiben. Nach Gebrauch die Stifte sofort wieder verschließen.
Entsorgung: Alte Faserstifte, die Lösungsmittel enthalten, zum Sondermüll bringen.

Wachsmalstifte

Bei Wachsmalstiften auf die angegebenen Inhaltsstoffe achten. Sie sollten aus Bienenwachs oder wenigstens Stearin und Lebensmittelfarbstoffen hergestellt sein. Stifte mit einer Papierhülle vermeiden unnötige Plastikabfälle.

Klebstoffe und Kleister

Soweit das Bastelthema keine besonderen Ansprüche an einen Klebstoff stellt, sollten Kinder Alleskleber auf Wasserbasis verwenden. Solche Klebstoffe ohne Lösungsmittel gibt es auch in Nachfüllbehältern. Die Tuben immer gleich schließen. Selbstgemachter Leim aus Stärke und Wasser eignet sich auch für leichte Papierklebearbeiten. Dazu Stärke in Wasser anrühren, einmal aufkochen, und fertig ist der Leim. Tapetenkleister aus Methylcellulose ist ungiftig und eignet sich für viele Bastelarbeiten.

Farben

Wasserfarben sind ungiftig und vielseitig verwendbar. Wenn man allerdings eine farbenkräftige und haltbare Bemalung wünscht, muß man auf Plaka- oder Dispersionsfarben zurückgreifen. Diese enthalten häufig Stoffe, die unsere Umwelt belasten. Wenn möglich, sollten für das Basteln nur Farben und Lacke gekauft werden, die auf Wasserbasis hergestellt sind. Lacke mit einem hohen Wasseranteil nennt man auch Dispersionslacke. Schadstoffarme Farben und Lacke mit dem Zeichen des „Blauen Umweltengels" bevorzugen. Grundsätzlich gilt: Nur in gut durchlüfteten Räumen arbeiten. Die Behälter gut verschließen. Die ideale Lösung wären Farben aus Naturfarbpigmenten. Diese gibt es in Naturfarbengeschäften zu kaufen.
Entsorgung: Bei Flaschen und Farbeimern die Wiederverwertbarkeit berücksichtigen. Lacke besser mit einem Pinsel auftragen, dann fallen keine leeren Sprühdosenabfälle an. Schadstoffarme eingetrocknete Dispersionslacke und Farben dürfen mit dem Hausmüll beseitigt werden. Alle anderen Farbreste zum Sondermüll bringen.

„CE"-Zeichen: Dieses Zeichen tragen Spielwaren und Produkte, die für Kinder hergestellt werden und der Euronorm 71/3 entsprechen. Diese Norm müßte zwar noch ausgeweitet werden, dennoch ist das „CE"-Zeichen eine Orientierungshilfe beim Einkaufen. Es werden durch diese Norm u.a. schwermetallhaltige Farbpigmente verboten, Weichmacheranteile auf 50% reduziert, Oberflächenbehandlungen und Sicherheitsgrößen vorgeschrieben.

„Blauer Umweltengel": Diesen „Blauen Engel" erhalten Gegenstände, von denen eine geringe Umweltbelastung ausgeht, zum Beispiel Recyclingpapier, Farben und Lacke ohne schwermetallhaltige Farbpigmente und mit geringem Lösungsmittelgehalt. Der „Blaue Engel" ist ein Zeichen, das als Anhaltspunkt für den umweltbewußten Einkauf dient.

Die Deutsche Bibliothek-CIP-Einheitsaufnahme

Pfeiffer, Christina:
Kinderleichtes Osterbasteln: mit Anleitungen und Vorlagen/ Christina Pfeiffer.- Augsburg: Augustus-Verl. 1994
 ISBN 3-8043-0269-6
NE: HST

Das Werk einschließlich aller seiner Teile ist urheberrechtlich geschützt. Jede Verwertung außerhalb des Urhebergesetzes ist ohne Zustimmung des Verlags unzulässig und strafbar. Das gilt insbesondere für Vervielfältigungen, Übersetzungen, Mikroverfilmungen und die Einspeicherung und Verarbeitung in elektronischen Systemen.
Es ist deshalb nicht gestattet, Abbildungen dieses Buches zu scannen, in PCs oder auf CDs zu speichern oder in PCs/Computern zu verändern oder einzeln oder zusammen mit anderen Bildvorlagen zu manipulieren, es sei denn mit schriftlicher Genehmigung des Verlages.

Die im Buch veröffentlichten Ratschläge wurden von Verfasser und Verlag sorgfältig erarbeitet und geprüft. Eine Garantie kann dennoch nicht übernommen werden. Ebenso ist eine Haftung des Verfassers bzw. Verlages und seiner Beauftragten für Personen-, Sach- und Vermögensschäden ausgeschlossen.

Jede gewerbliche Nutzung der Arbeiten und Entwürfe ist nur mit Genehmigung von Verfasser und Verlag gestattet.

Bei der Anwendung in Unterricht und Kursen ist auf dieses Buch hinzuweisen.

Umschlaggestaltung: Christa Manner, München

AUGUSTUS VERLAG AUGSBURG 1994
© Weltbild Verlag GmbH, Augsburg
Idee, Konzeption, Produktion:
topic Verlag GmbH, Karlsfeld bei München
Druck: Appl, Wemding
Printed in Germany
ISBN 3-8043-0269-6